一本书读懂元宇宙
Metaverse

王春永 著 —— 孙垚 绘

华夏出版社
HUAXIA PUBLISHING HOUSE

前言

新冠肺炎疫情暴发以来，远程办公和学习成了很多人的常态。除了有点不适应，人们似乎并没有想得太多。Facebook公司把自己的名字改为META，也只是让人们知道了元宇宙这个词，人们没有意识到，人类的文化（包括生活、工作、娱乐、交流、创造和消费等）可能正在发生根本性的改变。

不论是从技术上还是文化上讲，元宇宙似乎是由一堆不同技术和理论相互支撑和共同推动的，连很多AI和互联网业内人士都说不清楚，哪些是最根本的，哪些是无关紧要的；哪些是必将大规模应用和推广的，哪些可能只是昙花一现的。连一个得到所有人认识的定义都还没有形成呢。

元宇宙是互联网下一代WEB3么？

它是现在网络游戏空间的扩展么？

元宇宙需要哪些新兴技术来构建？

它具有一种和当下截然不同的经济运作新模式么？

元宇宙何时真正到来，又会怎样改变普通人的生活样貌？

那时候，我们每个人真的会变成自带分身的"阿凡达"吗？

虚拟现实（VR）、增强现实（AR）、混合现实（MR）、扩展现实（XR），我们最后还能分得清哪些是现实，哪些是虚拟吗？

……

也许，和过往一切大规模的转型一样，元宇宙也必将在这种困惑和混乱的探索中完成构建。

未来已来，元宇宙横空出世并开始风靡全球，新时代的大幕正在徐徐拉开，但是书店里关于元宇宙的书却多是专业性著作，普通读者很难读得懂。为了让普通读者都能对元宇宙有一个简明直接的理解，我们编写了这本小书，并请插画师根据内容进行了轻松明快的手绘图解。这本书将面向非理工科出身、非专业人士的普通读者，从特点、技术、理论、文化、经济、治理等方面，对元宇宙进行全面而简明扼要的介绍。通俗易懂、生动有趣是我们写作过程中始终坚持的追求。

在书的最后，我们汇集了大家在日常会遇到的一些元宇宙名词，根据目前公认权威的来源进行解释，以免技术名词影响大家对元宇宙的了解。

由于作者水平有限，再加上本书定位为轻阅读的科普小读物，规模有限，难免会挂一漏万，还望大家理解。

王春永　2023 年 1 月

目 录

CHAPTER 1 | 走近元宇宙

1. 什么是元宇宙？　　　　　　　　004
2. 元宇宙里会有什么？　　　　　　006
3. 元宇宙是有限的吗？　　　　　　008
4. 元宇宙是一种空间吗？　　　　　010
5. 元宇宙是平行世界吗？　　　　　012
6. 元宇宙是 Web3 吗？　　　　　　014
7. 元宇宙是人工智能吗？　　　　　016

CHAPTER 2 | 元宇宙的构思源于何处？

1. 文学艺术（1）　　　　　　　　020
2. 文学艺术（2）　　　　　　　　022
3. 影视音像　　　　　　　　　　　024
4. 电子游戏　　　　　　　　　　　026
5. 社交关系　　　　　　　　　　　028

CHAPTER 3 | 元宇宙
能做什么？

1. 元宇宙演唱会 　　　　　　　　032
2. 元宇宙毕业典礼 　　　　　　　034
3. 元宇宙中仿真交流 　　　　　　036
4. NFT 艺术品拍卖 　　　　　　　038
5. 建立 NFT 艺术博物馆 　　　　　040
6. 元宇宙中买地和开店 　　　　　042
7. 元宇宙时尚商品 　　　　　　　044
8. 收养一只数字猫咪 　　　　　　046
9. 入住一家虚拟酒店 　　　　　　048
10. 在元宇宙中永生 　　　　　　　050

CHAPTER 4 | 完备的元宇宙
什么样？

1. 沉浸式体验（1） 　　　　　　　054
2. 沉浸式体验（2） 　　　　　　　056
3. 亦真亦幻 　　　　　　　　　　058
4. 虚拟分身 　　　　　　　　　　060

5. 虚拟偶像 IP	062
6. NPC 虚拟人	064
7. 虚拟经济	066
8. 去中心化	068
9. 虚拟治理	070

CHAPTER 5 | 元宇宙从何而来？

1. 从游戏中来	074
2. 从互联网来	077
3. 从技术奇点来	080
4. 从体验需求来	082

CHAPTER 6 | 元宇宙有理论支持吗？

1. 洞穴寓言（1）	086
2. 洞穴寓言（2）	088
3. 恶魔假说	090

4. 三个世界 092

5. 人是游戏者（1） 094

6. 人是游戏者（2） 096

7. 无限游戏 098

8. 游戏改变世界（1） 100

9. 游戏改变世界（2） 102

10. 平行智能社会 104

11. 社会媒介（1） 106

12. 社会媒介（2） 108

13. 脱域理论 110

14. 缸中之脑 112

CHAPTER 7 | 元宇宙需要什么技术实现？

1. 硬件+软件 116

2. 区块链 120

3. NFT 技术 122

4. 接口和交互技术 124

5. XR=VR+AR+MR 126

6. 电子游戏技术 128

7. 综合智能网络　　　　　　　　130
8. 人工智能　　　　　　　　　　132
9. 物联网技术　　　　　　　　　134

CHAPTER 8 | 元宇宙会形成**新的文明吗？**

1. 我是谁？　　　　　　　　　　138
2. 认知分享　　　　　　　　　　140
3. 虚拟社群　　　　　　　　　　142
4. 第二人生　　　　　　　　　　144
5. 虚拟文明　　　　　　　　　　146
6. 两种模式　　　　　　　　　　148

CHAPTER 9 | 元宇宙将如何**改变现宇宙？**

1. 虚实融合　　　　　　　　　　152
2. 人群分裂　　　　　　　　　　154
3. 二元转变　　　　　　　　　　156

4. 生活场景　　　　　　　　158

5. 虚拟办公（1）　　　　　160

6. 虚拟办公（2）　　　　　162

7. 游戏场景（1）　　　　　164

8. 游戏场景（2）　　　　　166

9. 消费活动　　　　　　　　168

CHAPTER 10 | 我们距离元宇宙还有多远？

1. 发展阶段　　　　　　　　172

2. 数字孪生（1）　　　　　174

3. 数字孪生（2）　　　　　176

4. 数字原生　　　　　　　　178

5. 虚实共生　　　　　　　　180

6. 双向促进　　　　　　　　182

7. 平台聚合　　　　　　　　184

8. 入侵现实　　　　　　　　186

9. 脱实入虚　　　　　　　　188

10. 难以完胜　　　　　　　　190

11. 危机感　　　　　　　　　192

CHAPTER 11 元宇宙中也有生产与交易吗？

1. 数字经济   196
2. 投射促进   198
3. 一个子集   200
4. 数字创造   202
5. 数字资产   204
6. 数字市场   206
7. 数字货币   208
8. SWIFT 和 DC/EP   210
9. 另一种可能   212
10. 递增与递减   214
11. 成本趋零   216
12. 稀缺的构建   218
13. 价格的确定   220
14. 边玩边赚   222
15. 生产与消费   224

CHAPTER 12 代码即法律吗？

1. 走向反面   228
2. 治理原则   230
3. 以人为本   232
4. 模式对比   234
5. 什么是 DAO   236
6. 智能合约   238
7. 链上和链下治理   240
8. 执行与修改   242
9. 对 DAO 立法   244
10. DAO 的风险   246
11. 监管与自由   248
12. 违法温床   250
13. 私密和健康   252
14. 意识操控   254
15. 资产保护   256

附录：元宇宙相关名词解释

CHAPTER 1

走近
元宇宙

元宇宙并非单纯的个人构想，而是人类欲望的大集合，是各种各样的人类欲望在虚拟现实中蜕变、改造、转生和重生之地。所以，元宇宙的故事不是单向的而是多维的，不是个人化的而是社会性的，是不同人的意志、愿望和欲望交织碰撞而成的。

POINT
1 什么是元宇宙？

> 阿弘正朝"大街"走去。那是元宇宙的百老汇，是元宇宙的香榭丽舍大道。它是一条灯火辉煌的主干道，反射在阿弘的目镜中，能够被眼睛看到，能够被缩小、被倒转。它并不真正存在；但此时，那里正有数百万人在街上往来穿行。

这是 1992 年科幻小说作家尼尔·斯蒂芬森在作品《雪崩》中描绘的景象。小说设定在未来的某一天，世界濒临崩溃，现实中天高地远的人们，只要戴上耳机和目镜，找到连接终端，就可进入由计算机模拟出来的另一个充满阳光生机的游戏世界，用网络分身（Avatar）彼此交往，不仅能支配自己的收入，使用通证进行交易，也可休闲娱乐，乃至通过竞争提高自己的地位。

这部科幻小说开启了元宇宙的超前启蒙。作为 2021 年以来新技术革命浪潮中"最靓的仔"，元宇宙有点像在 20 世纪 70 年代探讨互联网一样，人们只看到一种新的社会生活形态正被一块块拼起来，却没人真正知道它会长成什么样，仍然是"一千个读者就有一千个哈姆雷特"。

元宇宙并非一个全新的概念，而是一个旧概念的重生。维基百科的定义是："元宇宙，或称为后设宇宙、形上宇宙、元界、超感空间、虚空间，被用来描述一个未来持久化和去

> 元宇宙是由无数虚拟世界、数字内容不断碰撞、膨胀而形成的。

中心化（无大台）的在线三维虚拟环境。"

从人的角度来说，元宇宙就是一个虚拟场景的人类社会，或者可以说是人们借用数字分身进行彼此交流、同世界交互，以此为基础形成大量的虚拟社群，由此催生出虚拟社会，并逐渐发展成为依托于现宇宙又独立于现宇宙的虚拟文明。元宇宙不是凭空捏造的，而是包含有不同人的真实人生，是人们一起在幻想中结成伙伴，创造想象出来的。它不是一家独大的，也不是封闭的，而是由无数虚拟世界和数字内容不断碰撞、膨胀而形成的。

POINT 2　元宇宙里会有什么？

和现实中的任何地方一样，元宇宙也需要开发建设。在这里，开发者可以构建自己的小街巷，依附于主干道。他们还可以修造楼宇、公园、标志牌以及现实中并不存在的东西，比如高悬在半空的巨型灯光展示，无视三维时空法则的特殊街区，还有一片片自由格斗地带，人们可以在那里互相猎杀。

上面是《雪崩》中的描述，也就是说，只要是现宇宙中有的东西，元宇宙中都会有。不仅如此，现宇宙中没有的东西，元宇宙中也可以有。

首先，元宇宙中有原住民，那就是虚拟数字人。他们仿照人类的形象出现，从外表、互动方式及逻辑上无比贴近现实人类，是人类在虚拟世界中的投射分身。

其次，元宇宙中有大街小巷和虚拟楼宇房屋，甚至还会有虚拟的会议室，你可以邀请朋友或者伙伴到你的虚拟处所里玩耍、洽谈，还可以培训新的雇员。你坐在沙发上浏览Instagram时，看见一个好友贴出的演唱会视频，而那个演唱会正在半个地球之外上演，你就可以全息影像的形式瞬间出现在演唱会中，还能看见舞台上方飘浮的文字，并和在现场的朋友接触交流。

最后，元宇宙中有人能够创造出来的所有东西。

> 现宇宙中有的东西,元宇宙中都会有。
> 现宇宙中没有的东西,元宇宙中也可以有。

看!这是我们的虚拟月亮!就悬停在我们房外,以后可以每天看月亮啦!

在属于元宇宙范畴的游戏《我的世界》中,玩家享有充分的创作自由,每个角色都没有固定的人设、性格与未来,玩家做任何事都可以自由发挥,比如创建只属于个人的精致私人家园,也可以搭建平台来广交朋友;你可以像游侠一样四处狩猎、开矿,也可以什么也不做;你可能遇到各种随机的事件,就像现实的人生中遇到各种不同的机遇一样,获得或失去点什么……只要你敢于创造,你就可以拥有各种你想得到的结果。

POINT 3 元宇宙是**有限的吗？**

目前，很多游戏都创造了一个永续的虚拟世界，玩家可以在其中聚餐、玩乐和共事合作，参加演唱会和名画展览之类，还能置身于一个充满奇幻色彩或者高度仿真的虚拟处所，认识包括荷马、李白等历史人物。

那么，这就是元宇宙的一切吗？对，但也并不全对。说某一款游戏是元宇宙，就好比说谷歌是互联网一样。就算你能在一个游戏社区中花费大量时间进行社交、学习和玩游戏，也不意味着这个游戏包含整个元宇宙。

另一方面，正如我们可以准确地说谷歌构成互联网的一部分，我们也可以说创造这款游戏的公司正在构建一部分的元宇宙，但并非唯一，很多构建工作会由微软和 Facebook 等科技巨头来完成。

目前的传统游戏多是在一定的边界内进行，有一个确定的开始和结束，并且以获胜为目的，因而也以出现有限数量的赢家为终局。而未来的元宇宙，更像是一个无限游戏，其目的就是延续游戏，因此它既没有确定的开始和结束（不停机），边界是开放和变动的，也没有特定的赢家和输家。从构建上来说，有限游戏是由追求利润的游戏公司构建，而元宇宙则是在智能合约体系上由所有人共同构建。

> 元宇宙更接近于法国哲学家伯格森所说的"绵延":一条没有边也没有底的河流。

我要玩遍元宇宙所有的地方!

你恐怕很难做到,因为元宇宙空间是无限的!每时每刻都有新的地方诞生!

　　从哲学的角度考察,元宇宙甚至会改变我们过往对于时间的理解,不再用广延和空间的概念来想象时间,因此元宇宙的延续,也就会更接近于法国哲学家伯格森所说的"绵延":一条没有边也没有底的河流。

　　因此,不论从空间还是时间来看,元宇宙都将是无限的。

POINT 4 元宇宙是一种空间吗?

元宇宙是宇宙的一种,很多人把宇宙误解为一个空间,但传统中国人是把宇宙理解为时空的。古人说:"上下四方曰宇,往古来今曰宙。""宇"与"宙"并举,同时涵盖了空间和时间的概念。

从这个角度,元宇宙可以看作一个独立于现宇宙时空的数字虚拟时空(虚拟多维时空),是我们映射现实时空的一个世界,具有连接感知和共享特征,并能够影响现宇宙。

然而,空间甚至时空却并不是元宇宙的本质。它的本质是一种建立在虚拟世界中的社会生活方式,或者说是一种场景或生态:今天在现宇宙中的所有工作和生活,都可以在元宇宙中以身临其境的方法实现,包括但不限于人们已经习以为常的开会或上课、到世界各地的景点游览、约朋友一起看电影,甚至是从事或者接受某种服务、规划和建造一栋建筑等,当然更包括金钱的支出和收入。

除此之外,这种生活方式还能突破现宇宙的很多限制,比如可以按照自己的喜好打造一个形象来和别人交流,别人会看到你的形象,也知道那是假的,但却可以习以为常地进行沟通,甚至会基于这个形象而产生爱情。凡所有相,皆是虚妄,这样的通透彻悟能够变成寻常道理,但并不会影响我

> 元宇宙的本质不是空间，而是带有空间属性的社会生活方式。

们以新的方式来过一种正常的生活，甚至会让我们更接近于生活和生命的本来面目。

也就是说，元宇宙的本质不是空间，而是带有空间属性的社会生活方式。

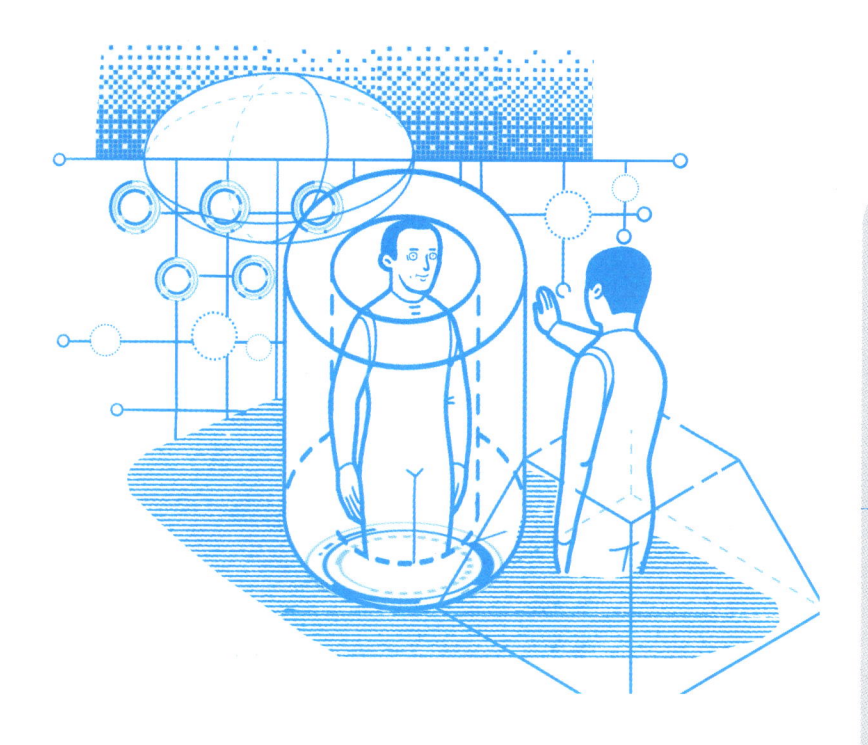

POINT 5　元宇宙是平行世界吗？

中国古代的列子曾经讲过一个"昼夜各分"的故事，算是他幻想出来的平行世界：有个老仆役白天卖力干苦工，夜里睡觉常常梦见自己当了皇帝，一呼百应，十分威风。他在皇宫里头玩乐，想怎么样就怎么样，生活很快乐。醒来后又去做苦工，有人说这样太辛苦了，他说："人生一百年，白天夜晚各一半。我白天给人当仆役，但夜里当皇帝啊，有什么可抱怨的呢？"

梦境中的所有快乐都是现实仆役生活的并行线，永不相交。然而，元宇宙却与此既相似又有不同。相似的是元宇宙同样以个人欲望化幻象为总体目标，不同的是元宇宙不仅仅包括单个人的欲望设计，还允许不同主体的经验共享，即每个人都在其中塑造以自己为主角的故事。在这一点上，元宇宙仿佛不是被人类设计出来的，而像是自动发生的——这恰恰也正是现宇宙的硬核逻辑。

从这个角度来说，元宇宙并非单纯的个人构想，而是人类欲望的大集合，是各种各样的人类欲望在虚拟现实中蜕变、改造、转生和重生之地。所以，元宇宙的故事不是单向的而是多维的，不是个人化的而是社会性的，是不同人的意志、愿望和欲望交织碰撞而成的。在其中，人们之间的互动会更

> 元宇宙是不同人的意志、愿望和欲望交织碰撞而成的。

元宇宙是平行世界吗？

当然不是啦，元宇宙的故事不是单向的，而是多维的！不是个人化的，而是社会性的！

加深刻和多元化，交互、沉浸、协作的特点也会更加明显，而不会变成俄罗斯套娃一样的平行或包含。

另一方面，元宇宙和现宇宙之间也不会形成平行世界的关系，双方的界限会不断被打破并持续融合，人们在元宇宙中的虚拟活动，会在现宇宙中表现出越来越显著的力量。二者的融合，将会带来生活、艺术、科技、游戏融于一体的未来新世界。

因此，不论是元宇宙内部还是它与现宇宙之间，都不会形成我们所想象的"平行世界"。

POINT 6 元宇宙是 Web3 吗？

Web3 是指基于区块链技术的去中心化在线生态系统，许多人认为它代表了互联网的下一个阶段。

目前，Web3 伴随着元宇宙的热潮而吸引了越来越多的关注和投入。据虎嗅网不完全统计，2022 年 1 月—4 月，全球最大的风险投资机构红杉资本以每周一家的投资速度，共投资了 17 家 Web3 公司。它的竞争对手 Coinbase Ventures 仅在 2022 年第一季度就投资了 71 家公司，几乎一日一投。在元宇宙和 Web3 的关系上，有人也将元宇宙理解为 100% 渗透、一天 24 小时不间断使用的 3D 版 Web3，即通过使互联网具象化的方式获得沉浸式体验。

这种说法对，也不对。Web3 产品相比传统的互联网，多了一些新特点，比如去中心化、不可篡改、每条数据都归用户所有、数据可以买卖等。而"元宇宙"应该是整合了 Web3 技术的新型虚实相融的社会形态。它基于扩展现实技术提供的沉浸式体验，以及数字孪生技术生成现宇宙的镜像，它通过区块链技术搭建经济体系，并将元宇宙与现宇宙在经济系统、社交系统、身份系统上密切融合，同时允许每个用户进行内容生产和编辑。

元宇宙既包括了 Web3 的模块，又在此基础上展示为一

> 元宇宙既包括 Web3 的模块，又在此基础上展示为一种全面的社会形态。

种全面的社会形态，它将深刻地改变人类的办公、城市、工业等多个领域的形态，带动社会生产力提升、生产形态变革，进而改变产业链及价值分配模式。

这样的元宇宙在技术上是可演进的，但问题在于：这种新的商业、金融和经济体系是以数字原生的方式出现，不仅有对现宇宙的互补性，还有一定的革命性，它所面临的最大挑战，是如何减少对现宇宙的冲击，从而与现实社会和谐共处。

POINT 7 元宇宙是人工智能吗？

过去的 60 多年，人工智能（Artificial Intelligence，简称 AI）发展经历了三次浪潮。第一次浪潮是 1956 年 8 月提出 AI 的概念。第二次浪潮是 20 世纪 80 年代，计算机算力提升达到了可以解决智能系统问题的程度。第三次浪潮是 2000 年之后深度神经网络算法的兴起，跨越了智能语音、图像识别的感知智能领域技术鸿沟，同时人们的生活方式和生产方式变革丰富了 AI 的应用场景和需求，形成巨大的驱动势能，人类进入了"人机物"万物智能互联的新时代。

成熟的 AI 技术是元宇宙办公实现的前提，VR 手势追踪、音频提示等功能的实现均依赖于 AI 技术的识别和解析，因此，元宇宙天然就与 AI 技术紧密结合，并能够借助 AI 技术进一步实现工作及沟通效率的提升。例如，微软的系统实现了多人实时会议、在线方案共享、实时翻译和转录文字等协作办公方面的实用功能，解决了语言沟通障碍；META 为了能让用户更方便地使用面前的实体键盘，在 Horizon Workrooms 加入了键盘追踪功能，使用户可以一键访问 PC，还可以在会议期间做笔记，将文件带到虚拟现实，甚至可以选择与同事共享屏幕。

2022 年 2 月 23 日，扎克伯格表示，公司正在进行 AI

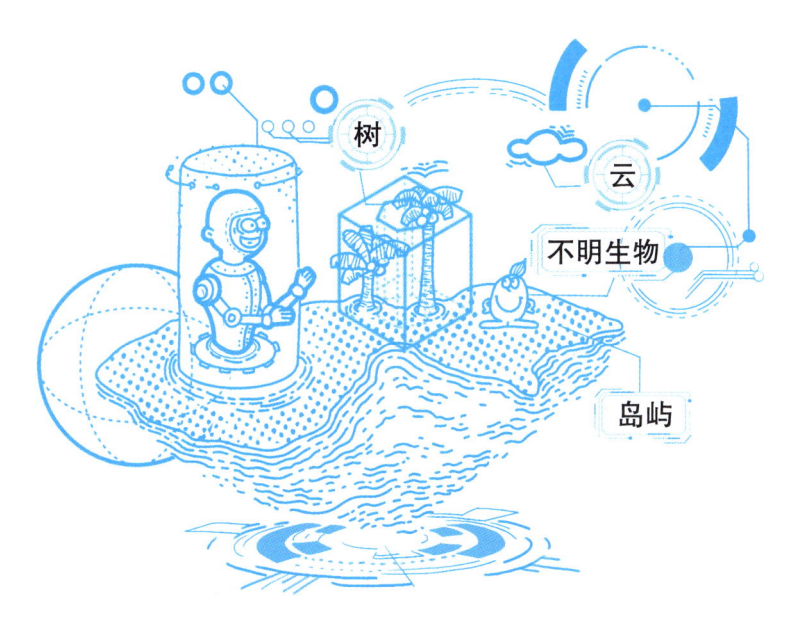

> AI 将是元宇宙的一种链接手段和构建方式,而不是它的全部。

研究,为的是只用自己的声音就能细致入微地创造各种世界,有了它,人们将能够描述一个世界,并生成它的方方面面。在一段事先录好的演示视频中,扎克伯格展示了一个名为 Builder Bot 的人工智能概念:他作为一个三维分身出现在一座岛屿上,发布语音指令来创建一座海滩,然后添加云、树,甚至一块野餐垫。

AI 将是元宇宙的一种链接手段和构建方式,而不是它的全部。

CHAPTER **2**

元宇宙的
构思源于何处?

人们很快可以随时随地穿梭于真实和虚拟世界,任意进入一个虚拟空间和时间节点所构成的元宇宙,在其中学习、工作、交友、购物、旅游。对于这样的经济系统、社会系统和社会生态,我们目前的想象力显然是不够的。

POINT 1

文学
艺术（1）

元宇宙是通过发达的媒介技术展现的虚拟世界，而最典型的虚拟世界就是我们人类的精神世界，它几千年来一直存在于语言和文字之中，在媒介的发展推动下不断外显：文字带来了文学，银幕带来了电影，计算机带来了电子游戏，最后出现了今日元宇宙的雏形。

在哲学和文学艺术作品中被称为"可能世界（Possible World）"或者"架空世界（Fictional Universe）"的东西，就是元宇宙的最早构思。

"可能世界"很早就被哲学家提出，文学艺术家则利用文字对它进行虚构。西方文学中最为典型的设想来自但丁的《神曲》：宇宙体系总则为一，十天球层圈套环形成的体积容量无限外延的大宇宙，这个宇宙是由独一上帝之"爱"溢射而出，宇宙的中轴线是撒旦B点和上帝A点，这条线包含两个箭头方向，上行是归一上帝的善道，下行为叛离上帝的恶道。无限复多全部共时性地显形在上帝的生命卷轴中，人类穷极智慧所追求的真理和至福归宿就是天国。

弗兰克·赫伯特在《沙丘》中塑造了漫漫黄沙香料行星厄拉科斯，托尔金构建了一个"中土世界"，在那里，"火花将从死灰中复燃，光明将从阴影中重现"。这些风靡一时的作品，使读者长久沉迷于创造出来的奇幻世界中。

"可能世界"或者"架空世界"就是元宇宙的最早构思。

《但丁〈神曲〉中地狱的设计和维度》,安东尼奥·马内蒂绘,约1529年,康内尔大学图书馆藏。

POINT 2 文学艺术（2）

中国古人也不遑多让，庄子构建了一个蝴蝶的世界与庄子的世界对应，他梦见自己变成了一只欣然飞舞的蝴蝶，而完全不知道自己是谁了。突然醒来后，庄周已经不知道：到底蝴蝶的世界是真实的，还是庄周的世界是真实的？或者，两个世界都是真实的？

而在结构设计上，最典型的代表作是《西游记》：四大部洲、须弥山与海洋共同组成了庞大的宇宙。它承认宇宙的复杂性与多元性，因而也承认很多平行宇宙的存在。

一些研究者认为，1974年出版的《龙与地下城》是美国元宇宙文学的发端，它后来被改编为游戏。目前公认的元宇宙思想源头，则是美国计算机专家兼赛博朋克流派科幻小说家弗诺·文奇在1981年出版的小说《真名实姓》。他在其中构思了一个通过"脑机接口"进入并能获得感官体验的虚拟世界。小说出版时，互联网技术才初露端倪。其后的1984年，美国作家威廉·吉布森完成科幻小说《神经漫游者》，创造了"赛博空间"（又译"网络空间"），进一步推动了人类对元宇宙的构想。

1991年，赛博空间催生出"镜像世界"的技术理念，即现实中的每一个场景都能通过计算机软件投射到人工编制的

> 上帝在第七天干些什么？我宁愿相信他是去创造元宇宙了……

计算机程序中，并让用户通过计算机显示器与镜像世界互动。这一年，耶鲁大学计算机科学教授戴维·杰勒恩特出版了《镜像世界：或软件将宇宙放进一只鞋盒的那天，会发生什么？又将意味着什么？》。

庄周梦蝶

POINT 3 影视音像

1999年上映的影片《黑客帝国》呈现了一个体验度更高、真相却很残酷的"元宇宙"——母体矩阵（matrix）。人工智能打造并控制着一个看似正常的现实世界，其沉浸式体验感能骗过人的大脑，人"活"在其中，衣食住行照常进行，身体产生的热能则被人工智能转化成电力。

同一年上映的《异次元骇客》，同样用生猛的概念"击穿"观众大脑。影片讲述两位科学家霍尔和富勒，用计算机仿真出一个设定于1937年的虚拟世界。可之后不久，富勒离奇死亡，霍尔成了头号嫌犯。为了弄清真相，霍尔开始频繁往返于真实和虚拟世界之间。影片故意模糊了现实和虚幻的界限，试图探讨一些至关重要的哲学命题：人类是否拥有自由意志？我们的所见与存在是否真实？

詹姆斯·卡梅伦导演的《阿凡达》（2009年）其实也是一部"元宇宙"电影，它完美诠释了分身的概念。男主人公杰克下肢瘫痪，当他"进入"阿凡达的身体时，获得了从未有过的"自由"体验，仿佛重生。

2018年，大导演斯蒂芬·斯皮尔伯格拍摄了电影《头号玩家》，呈现了"绿洲"这样一个与现实世界本质趋同的虚拟世界。在"绿洲"里，玩家们几乎可以进行除吃喝拉撒睡

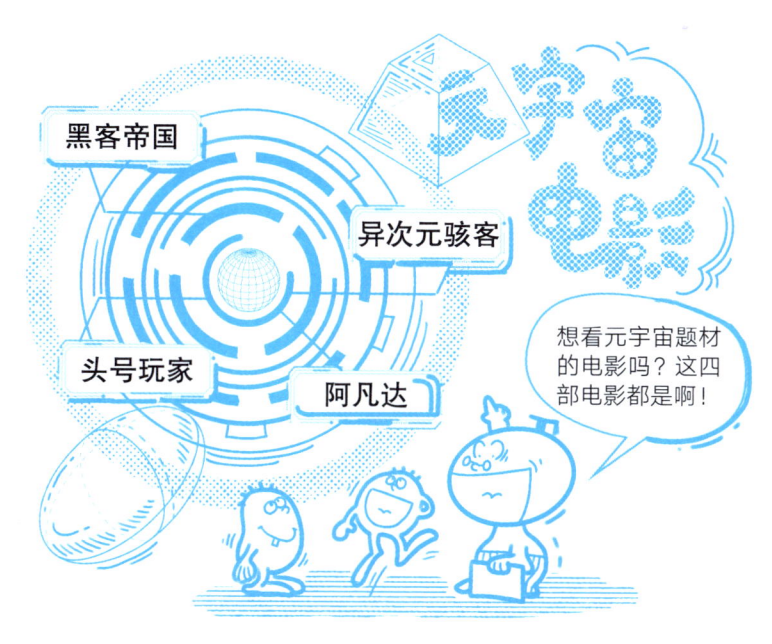

> 电影在向人们展示元宇宙的同时,也改变了人对生存状态和感知方式的认识。

元宇宙电影

- 黑客帝国
- 异次元骇客
- 头号玩家
- 阿凡达

想看元宇宙题材的电影吗?这四部电影都是啊!

以外的一切活动。而在游戏世界之外,有 VR/AR 头显、体感服、万向跑步机等硬件设备支持玩家的游戏体验。《头号玩家》描绘了"元宇宙"的蓝图,同时提醒它不能成为人类生活的全部。

这些电影在向人们展示元宇宙的同时,也改变了人们对生存状态和感知方式的认识。

POINT 4 电子游戏

高度发达的电子游戏，显示了对现实世界的模拟，而新型的沙盒（Sandbox）类游戏，本身就是一个完整的虚拟世界。借助高超的数字技术和显示技术，游戏中的虚拟世界可以让人们从事同现实基本相一致的活动：进行买卖交易，甚至是圈地盖房。人们可以近距离地接触甚至融入"可能世界"中。

这突破了人在现宇宙中交互的限制，既完成了人和机器的交互、人和人的交互，又完成了虚拟世界的"现实化"，这一革命性发展为元宇宙的出现奠定了坚实的基础。在这一阶段，元宇宙更多地被理解为平行的虚拟世界。

1996 年赛博朋克风城市建造模拟游戏 Cybertown，可说是新古典"元宇宙"的重要里程碑。游戏中，玩家可以在新行星上探索世界，建造赛博朋克风都市，一边管理市民和经济，一边进一步扩大。因为有时会发生民众罢工和叛乱的情况，必须组织军队和航空舰队。

2003 年，美国互联网公司 Linden Lab 推出基于 Open3D 的《第二人生》(*Second Life*)；2009 年瑞典 Mojang 公司开发了《我的世界》(*Minecraft*)，成为有史以来最受欢迎和最畅销的沙盒游戏（后卖给微软的 Xbox 游戏工作室）。

> 多人在线的大型网络游戏完成了虚拟世界的"现实化",完成了虚拟世界的革命性发展。

2021年3月,全球最大的互动社区之一、大型多人游戏创作平台Roblox(罗布乐思)在纽交所上市。在Roblox中,每个人都有自己的数字身份来进行社交,在平台上所获得的钱可以与现实货币转换。这一经济体系将内容创作者与消费者连接在一起,让玩家可以自由地改造这个虚拟世界。用户生成内容铸造了Roblox的虚拟世界,这让Roblox成了现阶段元宇宙的代表。

POINT 5 社交关系

关于元宇宙有很多不同的想法,但人与人的社会关系是其概念核心。马克思的著名论断——人的本质不是单个人所固有的抽象物,在其现实性上,它是一切社会关系的总和——在元宇宙中不会失效,数字化生存的人也会成为虚拟—实在的社会关系的总和。可以预见,元宇宙将成为各种社会关系的超现实集合体。

Roblox 公司提出,元宇宙应具备身份、朋友、沉浸感、低延迟、多元化、随地、经济系统、文明八大要素。基于这一标准,元宇宙 = 创造 + 娱乐 + 展示 + 社交 + 交易,人们在元宇宙中可以实现深度体验。从发展来看,元宇宙将逐渐整合互联网、数字化娱乐、社交网络等功能,甚至将整合社会经济与商业活动。

今天,互联网技术和硬件充分普及,同时疫情促使大众对于在线交互有了更高的认知度和接受度,作为在线虚拟数字世界的元宇宙,不再是那个停留在幻想中的迦南之地,而是真正进入了大众生活,有了更多应用和落地。比如 Roblox 由一个游戏平台发展为一个教育平台,深入教育领域,打造数字化课堂,打破传统教育模式的束缚。或许在未来,Roblox 很可能会成为元宇宙中的规范化学习工具。如此

> 数字化生存的人,在其现实性上,也会成为虚拟—实在的社会关系的总和。

下去,人们很快可以随时随地穿梭于真实和虚拟世界,任意进入一个虚拟空间和时间节点所构成的元宇宙,在其中学习、工作、交友、购物、旅游。对于这样的经济系统、社会系统和社会生态,我们目前的想象力显然是不够的。

元宇宙构造的七个层面

- 去中心化
- 空间计算
- 人机互动
- 基础设施
- 发现
- 体验
- 创作者经济

CHAPTER **3**

元宇宙能做什么？

如果记忆和意识可以"上传",那么也可以"下载"。我们所需要的只是一个通过克隆、3D 打印或更高技术制造的碳基身体,作为灵魂植入和意识的载体。

未来,元宇宙可能是人类实现永生的一种解决方案:从碳基生命转向硅基生命,最终两者可以融合和切换。在元宇宙中永生,你准备好了吗?

POINT 1

元宇宙
演唱会

歌手或虚拟人物在网络举办演唱会其实在十几年前就有。2013年9月，周杰伦与"虚拟"邓丽君进行了隔空对唱。

2020年以来，科技成熟加上疫情使然，线上演唱会的想法才真正变成音乐圈的选项之一，多家平台共计推出了近百场形式不同的线上演唱会、音乐节以及线上剧场演出等，比如网易云音乐推出的"云村卧室音乐节"，开播首月观看人数便超过了1600万。

美国饶舌巨星特拉维斯·斯科特在欧美人气惊人，他在游戏《堡垒之夜》（Fortnite）中举办了一场虚拟演唱会，全球1230万游戏玩家成为虚拟演唱会观众。除了场景升级以及巨星各式不同的造型外，这场演出更重要的是带出了新兴商业模式。演唱会不仅推出实体周边，连游戏造型、人物动作等可供玩家选购的虚拟商品都有，销售额达2000万美元。

2021年初，游戏《堡垒之夜》联合国际知名音乐人棉花糖通过虚拟形象进行实时直播，玩家们入场后甚至可以到他身边和他亲密互动，1070万人参与了这场音乐会。这次演唱会的成功，让世界看到了元宇宙演唱会的未来。游戏平台Roblox也在其中举办了虚拟音乐会，邀请了包括利尔·纳斯·X和莎拉·拉尔森等著名歌手。

> 配合游戏调性,也利用表演者作为故事推进的角色。

2021 年 8 月,美国知名女歌手爱莉安娜·格兰德在《堡垒之夜》进行了为期数天的虚拟演唱会,吸引了多达 7800 万玩家。要看到演出,先闯关打怪,最后以英雄之姿出现的爱莉安娜像中场秀表演者一样现身。配合游戏调性,也利用表演者作为故事推进的角色,这场演出更被誉为虚拟世界最大的音乐活动。这已经达到了假作真时真亦假的程度。

> 听说演唱会结束后可以跟偶像亲密互动。

> 咿呀咿!嗵嗵嗵!

POINT 2 元宇宙毕业典礼

2020年5月,加利福尼亚大学伯克利分校举办了一场虚拟毕业典礼,典礼上校长致辞、授予学位、抛礼帽、领学位证甚至毕业典礼后的Party等环节一个不落,为各地居家的毕业生们弥补了遗憾。

伯克利分校的学生们组成了一个超过100人的团队,在沙盒游戏《我的世界》里重建了虚拟版本的校园,重现了学校100多栋建筑物,包括学校的体育场、教学楼和小商店,增加参与者的熟悉感与沉浸感。老师、学生、校友们则纷纷化身成方头方脑的样子,完成了这场毕业典礼。可以说,这是第一场在元宇宙中举办的大学毕业典礼。

2021年6月16日,中国传媒大学动画与数字艺术学院的毕业生们在《我的世界》中根据校园风景的实拍,还原了校园内外的场景,上演了一出别开生面的"云毕业",就连花草、树木甚至是校猫也亮相其中。在"典礼"进行过程中,校长还提醒同学们不要在红毯上飞来飞去。这场"毕业典礼"在哔哩哔哩直播时,有网友感慨地说像"霍格沃兹的毕业典礼",让人感觉既魔幻又兴奋。

这是一次现实与虚拟之间的映像,又一次让"元宇宙"离我们更近了一点。有人说:University(大学)有一(uni)

"请大家不要在毕业典礼的红毯上飞来飞去",这是在《我的世界》游戏中发生的一幕。

和一切(versity)两个含义,这是一切可以学习的知识的总称。元宇宙有源于宇宙、高于宇宙之意。从这个意义上说,元宇宙和高等教育本身就有结合在一起的优势。所以,人们造了一个词 Metaversity = Metaverse + University,意思是元宇宙高等教育。

POINT 3 元宇宙中 仿真交流

在元宇宙的虚拟世界里，人们可以交谈、购物、散步、聊天、看电影、参加音乐会，做任何他们在现实生活中可以做的事；而在现宇宙中难以实现的体验，在技术加持下也同样能够在某种意义上实现。

2021年4月，在英伟达GTC2021大会上，CEO黄仁勋通过旗下的三维协作平台Omniverse，在虚拟环境中仿真了其本人，其虚拟形象在与人的交谈过程中对答如流，真实到几个月以来都没有人发现任何异常。演讲中的动作都是实时生成的，与预先渲染完全不同。

此外，全球顶级AI学术会议ACAI在《动物森友会》（Animal Crossing Society）中一个面朝大海、春暖花开的虚拟小岛上举行研讨会，无论从规格、程序还是人气上，这次会议和真正的学术会议相比也毫不逊色。《动物森友会》的游戏世界里不但有昼夜之分，不同季节的风景会随真实时间发生改变，甚至南北半球的玩家所在岛屿上的物产也有所不同。

不过，从目前来看，仿真交流要想大规模地运用，还有一些技术瓶颈。第一，元宇宙的高现实感分身，需要有现宇宙的信任体系和三维自动建模技术的高度发达；第二，在更丰富的社交场景中，跨语种交流不可避免，需要提高跨语种

> 在现宇宙中难以实现的体验，在技术加持下，在元宇宙中也同样能够拥有。

翻译效率、自动同声传译技术；第三，随时随地登录元宇宙需要高性能的虚拟现实装置，以及优良的通信技术；第四，元宇宙中的事件均为同步发生，但现宇宙多信息迸发传播对通信网络技术是较大挑战；第五，要保证用户在元宇宙中能拥有高专注度的沉浸体验，就需要更丰富的交互方式以及更高超的虚拟现实设备显示技术。

POINT 4 NFT 艺术品拍卖

NFT 是英文 Non-fungible Token 的简称，是存储在区块链上的数据单元，又称非同质化通证。与比特币、以太坊之类的"同质化代币"（FT）以及钞票的不同之处在于：每个 NFT 价值不同、形态不同，无可替换也不可分割，背后是加密数字资产或权益，对于创作者来说，这不仅有助于版权保护，还能保证其版税收入。NFT 能产出"看得见摸得着"的产品和利润，是元宇宙的基石和收入模式。

NFT 艺术的起源可以追溯到凯文·麦考伊 2014 年的一幅名为《量子》的作品。2021 年 6 月，他以 140 万美元的价格出售了 NFT 的一个版本。

2021 年 3 月，艺术家 Beeple 创作的 NFT 数字画作《每天：最初的 5000 天》在佳士得的首次 NFT 拍卖会上，以超过 6900 万美元的价格售出。很多人都会疑惑，这几个像素块为什么能拍出天价呢？

此外，NFT 艺术爆火的另一核心仍然与利益相关——玩得好，有钱赚。2021 年 9 月，佳士得在亚洲首次开拍 NFT 加密艺术，拍品包括中国香港歌手余文乐的私人收藏，单《Cryp to Punk 9997》成交价就为 3385 万港币。2021 年 10 月 9 日，香港苏富比举办秋拍，导演王家卫的经典电影

> NFT 是元宇宙的基石和收入模式,能产出"看得见摸得着"的产品和利润。

> Crypto Punk 是最早的 NFT 项目,这幅图像在佳士得拍卖中以 3385 万港元成交。

> 我也要做 NFT 艺术品!

> 大家好!我是法尔曼教授,是我创作了最早的数码艺术作品——笑脸和哭脸符号。

图片　音频　视频

NFT 是一种数字资产,常以图片、音频、视频的形式展现。

《花样年华——一刹那》的 NFT 以 340 万港币落槌,内容是拍摄首日 1 分 31 秒的未公开剧情。

一本书读懂元宇宙

3 元宇宙能做什么?

039

POINT 5 建立NFT艺术博物馆

2022年2月，世界上第一个线下NFT博物馆和画廊——西雅图NFT博物馆正式开放，占地280平方米的空间内部看起来像白色立方体，墙上的文字和作品显示在高分辨率屏幕上。每个装置都有一个指向元数据和艺术家故事的链接。

2022年4月，福布斯公布了其虚拟亿万富翁NFT收藏的预览版。该系列包括一组虚构的投资者，拥有庞大的理论投资组合和基于纽约证券交易所实时定价的虚拟净资产，还有引人注目的福布斯配饰，这些配饰将每天在福布斯虚拟NFT亿万富翁排行榜上排名。

在物理空间中展示数字艺术品，融解了虚拟和物理之间的界限。目前，无论是国外的NFT平台，还是国内蚂蚁和腾讯推出的数字藏品平台，都流行将每个人或者公司收集的NFT集成为一个"博物馆"。大量用户喜欢看别人收藏的作品。许多NFT爱好者已经购买了数十个，并且专门设计了自己的"NFT博物馆"，将自己的数字藏品供大家欣赏。

在物理空间中展示数字艺术品，融解了虚拟和物理之间的界限。

POINT 6　元宇宙中买地和开店

在目前的区块链游戏平台 The Sandbox 和 Decentraland 中，已经开始出售 NFT 元宇宙土地。土地是一块由 NFT 代表的虚拟空间，平台一般会提供 3D 虚拟体验，供人探索。业主依托平台，可将自家土地用于社交、广告、工作、游戏及其他用途。

元宇宙大热，NFT 土地也多次创下虚拟房地产交易金额新高。The Sandbox 和 Decentraland 最贵的土地分别达到了 430 万美元与 350 万美元，比现实中美国曼哈顿的平均单套房价都要高，更是远高于美国其他州的单套房价。

The Sandbox 是在以太坊上开发的一款区块链沙盒游戏，宗旨是边玩边赚（Play to Earn），买家可以买地建房、转售或向入场人士收费，也可以创建游戏、模型等虚拟资产，再分享给他人获利。目前共有 16 万多块名为"LAND"的 NFT 虚拟土地，大约七成由逾 1.7 万名地主拥有，包括中国香港新世界发展集团行政总裁郑志刚、艺人冯德伦和舒淇等。郑志刚投资购买了"沙盒"中最大的数字地块之一打造创新中心，据报投资金额约 500 万美元。

Decentraland 是一个网络虚拟空间，使用者可以在该平台购买虚拟土地，建造和装修自己的房子，开设店面，也可

> NFT 元宇宙土地是一块非同质化通证代表的虚拟空间。

买卖交易房地产。

元宇宙的虚拟土地炒作，也给一些传统品牌带来了启发，它们相继在元宇宙土地中搭建自己的虚拟店铺，以期待完成对未来元宇宙产业的布局，像家乐福、耐克、阿迪达斯，以及奢侈品牌 LV、Gucci、Burberry 等，都开始在虚拟世界中抢着圈地。

POINT 7 元宇宙时尚商品

2021 年，许多时尚品牌进入元宇宙。耐克和万斯在 Roblox 上开设了店铺，出售 Air Force 1 或其他配饰。Balenciaga 与 Fortnite 合作开发了一系列游戏内服装，还推出了自己的游戏 Afterworld，粉丝们可以在虚拟世界中尝试季节性时装。

鉴于消费者对 NFT 的热情，2021 年 12 月，耐克花费 2 亿美元收购了虚拟球鞋公司 RTFKT。目前，RTFKT 的一双 NFT 球鞋价格大概为 10 枚以太坊（17 万元），是高端耐克鞋的百倍。

2021 年 12 月中旬，阿迪达斯推出了 3 万个"Into the Metaverse"系列 NFT 作品，每个 800 美元，短时间内被一扫而空，赢得近 2400 万美元收入，而它 2020 年三季度的净利润也不过 5 亿美元。阿迪达斯还入驻 The Sandbox，与加密货币交易所 Coinbase 建立合作伙伴关系，还与无聊猿猴游艇 NFT 俱乐部、流氓漫画 NFT、AR 公司 G-Money 达成伙伴关系。

2022 年 3 月 24 日，元宇宙时装周在平台 Decentraland 举办，阵容包括多个全球知名时尚品牌，这些公司将与首次亮相的新贵数字独家品牌和设计师们一起展示商品。该活动让我们窥见数字时尚的未来——品牌的重要性退位于美学。

> 在现宇宙中,大型公司通常决定了时尚是什么,元宇宙中的时尚将更重视其艺术的一面。

在现宇宙中,大型公司通常决定了时尚是什么,而元宇宙中的时尚将更重视其艺术的一面,那些优先在元宇宙中进行创作并且精通 3D 渲染和 NFT 实现的设计师将大受欢迎。

POINT 8 收养一只数字猫咪

作为全球首款区块链游戏,《谜恋猫》在 2017 年 11 月发布后一度火热到瘫痪以太坊运作。在游戏中,玩家可以饲养、繁殖以 NFT 形式存在的虚拟猫咪,每一只猫咪都拥有独特的基因组,这决定了它具备独一无二的外观和特征,而且 100% 归玩家所有,无法被复制、拿走或销毁。

谜恋猫官方将他们设计的谜恋猫合约发布到以太坊上并做了公证,约定了 0 代猫只能由开发公司的 CEO、COO 来产生,并限定了 0 代猫最多产生的数量、玩家之间如何交易猫、两只猫咪之间如何繁育、猫咪备孕周期等规则。所有玩家可以按照这套规则收养和繁殖猫咪,创造出全新的喵星人并解锁珍稀属性。没有玩游戏的人也可以购买 NFT 猫咪,这不但解放了游戏内虚拟资产的所有权,创造出经济价值,也催生出 GameFi(game finance,游戏化金融)。自推出以来,游戏已聚集了 150 多万用户,交易总价值已经超过 4000 万美元。

2018 年,越南开发商 Sky Mavis 推出了一款将加密货币和宠物小精灵相结合的游戏 Axie Infinity,游戏在以太坊区块链上运行,玩家可以饲养、对战和交易名为 Axies 的 NFT 宠物。开发者还设计了一个侧链以支持游戏内快速交易。

要开始游戏,你需要从游戏市场上购买至少三个 Axies。Sky Mavis 从用户相互出售的所有 Axies 宠物、虚拟房产和

> 游戏中有一种"边玩边赚"模式,让每位玩家能合法获利。

其他物品中抽取 4.25% 的费用。玩家还可以培育新的 Axies,这需要花费游戏中的两种本地加密货币:Axie Infinity Shards(AIS,也是一种通证,让持有者对游戏的未来有发言权)和 Small Love Potion(SLP,玩家的游戏时间奖励)。游戏中有一种"边玩边赚"(Play-to-earn)模式,让每位玩家通过完成任务合法获利,比如稀有的 Axies 宠物可以卖到 30 个 ETH(目前价值约 6 万美元),而虚构世界 Lunacia 中的理想房产可以卖到近 270 个 ETH(目前价值约 54 万美元)。游戏还奖励爆肝玩家每天多达 200 个 SLP 通证(如果游戏时间达到 8 个小时以上),价值超过 50 美元,这吸引了很多时间充裕特别是生计受到疫情影响的玩家。2021 年 5 月推出的纪录片《边玩边赚》描述了部分菲律宾人依靠这款游戏赚钱支付账单和偿还债务的情况。

POINT 9 入住一家 虚拟酒店

2022年6月1日，远洲旅业旗下高端连锁酒店品牌入驻"分形者元宇宙"。

"分形者元宇宙"由ADG投资并由探针科技公司建设，远洲旅业买了其核心区域"分形岛"水岸边的一座大型NFT虚拟建筑，背靠分形者元宇宙东部世界的"不周山"山脉，造型独特，视野开阔，风光秀丽。第三方交易平台数据显示，该NFT建筑物的市场挂牌价一度高达100万美元。

据远洲旅业透露，他们将以三步走的战略打造虚拟酒店。第一步，完成虚拟酒店的开设，实现可视化的操作体验；第二步，把现宇宙中的会员体系、酒旅产品和服务等，通过NFT等技术映射到虚拟酒店中；第三步，打通现宇宙与元宇宙的双向交互，实现虚实共生和多元体验。

对此，远洲旅业执行总裁徐寅说，客人入住现实世界中的一家远洲酒店后，就可以通过房间内的VR设备进入虚拟酒店，走到虚拟酒店的二层露台，和在这里的另一位虚拟人聊天、喝酒、吹海风，还可以相约一起去旁边的"不周山"游玩，也可以乘坐豪华游艇出海……而虚拟人的真身，或许正处于现实世界中的另一家远洲酒店。

2022年5月初，全球首家元宇宙酒店M Social Decen-

> 他可以通过现实酒店的 VR 设备进入虚拟酒店，走到二层露台，和在这里的另一位虚拟人聊天、喝酒、吹海风……

分行者元宇宙中的远洲虚拟酒店外观

traland 正式开业。这家元宇宙酒店位于"城市中"的繁华地段，四面均由巨型 M 标志包围，与纽约时代广场的 M Social 如同孪生，不过紫色霓虹灯比纽约店更加绚丽。用户只需要注册一个账号，就能云入住隶属新加坡千禧酒店集团的这家虚拟酒店，在酒吧聚会或庆祝纪念日。几乎同时，西班牙马德里万豪酒店的元宇宙版本亮相，参观者头上戴着 Oculus 生产的 VR 设备，可以"穿过"虚拟酒店的房间……

POINT

10 在元宇宙中
永生

对人类来说，生离死别是沉重却又必然会经历的部分，如何缓解对逝者的思念呢？元宇宙或许可以。

科幻美剧《上载新生》背景为 2033 年，可以把人的意识以数字化和虚拟化的形式保存下来，上传到另外一个"虚拟世界"即元宇宙里。家人就可以借此和亲人再次见面，甚至人死后还能参加自己的葬礼。

这种不久前还只存在于科幻剧中的情节，正在一步步地变成现实：荷兰厂商 Here we Holo 可以帮助每个人生成自己的全息影像，亲自在自己的葬礼上发表演讲。

未来的元宇宙中，所能实现的可能会远远超过全息影像的层面。比如说，奶奶已经过世 20 多年了，我现在想跟她一块儿聊聊天，一块儿吃个饭，怎么实现呢？似乎只能通过做梦，但梦是可遇不可求的。而在元宇宙时代，只需要把奶奶的记忆和思想放到计算机里保存起来，然后做一个虚拟人的形象，把她的记忆和思想赋予这个形象，她就可以跟我聊天、跟我吃饭交流。这样，现宇宙的时空就被突破了，奶奶也就在另一个世界永生不灭了。如果记忆和意识可以"上传"，那么也可以"下载"。我们所需要的只是一个通过克隆、3D 打印或更高技术制造的碳基身体，作为灵魂植入和意识的载体。

> 在元宇宙中永生，你准备好了吗？

未来，元宇宙可能是人类实现永生的一种解决方案：从碳基生命转向硅基生命，最终两者可以融合和切换。真正的问题是：这到底是意识的复制品，还是精神的延续。在元宇宙中永生，你准备好了吗？

奶奶真为你高兴啊！奶奶也很想念你啊！

奶奶！我好想您啊！您知道吗？我今天收到大学录取通知书了，我已经是一名大学生啦！

CHAPTER **4**

完备的元宇宙**什么样？**

未来的元宇宙应该有四大特征，满足了这四大特征，就算是一个完善的、完整的、完备的元宇宙：高度仿真的沉浸式体验、具备多元化应用场景的虚拟身份（或者叫虚拟分身）、以区块链为支撑的虚拟经济和去中心化的虚拟治理。

POINT 1 沉浸式体验（1）

未来的元宇宙应该有四大特征，满足了这四大特征，就算是一个完善的、完整的、完备的元宇宙。第一个特征叫作沉浸式体验，这可以说是人们对元宇宙的一个本质追求。

沉浸感，也就是具备对现宇宙的替代性。随着技术的进步，这种沉浸感可以通过VR/AR乃至脑机互联达到，使人进入一个类似于现实生活的"拟态场景"，可以自由地和虚拟景象互动。作为跨圈型技术的VR/AR，正在不断突破影视、游戏、社交媒体的次元壁，在汽车制造、交通运输、建筑设计、城市治理、医疗健康等实体产业落地生根。

目前讲得比较多的是视觉和听觉的沉浸式体验。在视觉上看到的和在精神上体验到的效果一模一样，是最好的视觉体验。听觉的沉浸式体验也是追求的目标，效果也已经不错。在未来，也许会很快实现触觉的沉浸式体验，大家在元宇宙中看到别人做红烧肉，也许就可以闻到肉的味道，也许不仅仅是闻到肉的香味，还能够真的品尝到肉的味道。《黑客帝国》里面就有一句有意思的对白："我知道我刚才并没有吃土豆烧牛肉，但是我的大脑给我一个信号，告诉我刚才吃了土豆烧牛肉。"

所以，未来的人并不需要真实地去吃某个东西才会让肚

> 元宇宙一定可以做到给你的大脑发了一个信号,就能让你以为吃了红烧肉。

子不饿。人的大脑其实没有区分现实和虚拟的能力,在元宇宙发展成熟的时候,一定可以做到给你的大脑发了一个信号,就能让你以为吃了红烧肉。

POINT 2 沉浸式体验（2）

从文化的角度来看，20世纪戏剧美学的发展带来了沉浸理念的变化。"欣赏者"，也就是读者、观众等，通过感知参与到艺术创作活动中；而在此前，艺术家更关注"灵魂的内眼"（the inner eye of the soul），而不是"身体的物理眼"（the physical eye of the body）。

元宇宙天然可以形成有组织的总体故事，却只能依赖不愿意被各种宏大意义规划的"小故事"来架构。这如同游戏中的场景，其并非现实世界的表征情形，不是因为因果序列或者支配性关系被链接在一起，而是浸润交织、环丝相系，使用的是感知媒介而非符号媒介，追求身体的沉浸，但是这种沉浸不是消极的、被动的，而是积极的，需要积极参与文本并进行严格的想象。

今天，即便观众看的是《阿凡达》这样的 Imax 电影，也没有沉浸式的体验。很多 3D 游戏也只能算是元宇宙的雏形。未来在元宇宙里面看到一个美女，甚至可以体会到牵着她手的那种感觉，再下一步，甚至可以闻到她身上的芳香。

在比较远的未来的元宇宙里，也许还可以实现尝到那种所谓"奶奶的味道"的菜肴。奶奶做的菜未必很好吃，但由于我们小时候吃习惯了，就特别喜欢那个味道。哪怕奶奶不

> 沉浸式体验就是视觉、听觉、触觉、嗅觉、味觉都能实现体验,甚至第六感也能实现。

在世了,肉身已经消失了,我们在元宇宙里也能够尝到那种熟悉的味道。沉浸式的体验就是视觉、听觉、触觉、嗅觉、味觉都能实现体验,甚至第六感也能实现。

POINT 3

亦真亦幻

人对虚拟世界的想象，一类是在文学艺术领域中构造一个个架空世界，另一类则是直接怀疑我们所处的世界本就是虚拟的，解构现实世界的超越性和唯一性。元宇宙则是这两种想象由现实科技推动而发展的，而沉浸式体验会打造一个亦真亦幻的世界。

虚虚实实、实实虚虚，大家都区分不了现实与虚拟了，可能就变成元宇宙的最终状态。正如电影《失控玩家》的主题曲《幻觉》中所唱："没有开始，自然就没有结束，感觉我在做梦，但我又没有睡着。"

游戏是通过"视、听、触、识"的闭合方式，先让身体沉浸在故事情境之中，创生幻觉性的沉浸意识和交互感，形成全新的故事情境。影视作品则通过故事情节和视听技术，创造出"不应该被看见的现实"，致力于人的心灵与身体的"剥离"，通过打开人的精神世界而"淹没"身体的存在感。

这样的感觉会出现于元宇宙中的每个故事中。The Vogu Collective 公司在发行其系列 NFT 产品之前，已经为自己的 NFT 宇宙建立了一个宏大世界。故事背景设在 3648 年，人类已经移居银河 300 年了，气候变化、核战争和工业污染使地球不再适宜居住，但你可以使用机器人分身 TARS 重回这

> 感觉我在做梦,但我又没有睡着。

颗母星工作或游玩,甚至通过传感器远程得到身临其境的体验。这种穿着人类衣服的机器人 TARS,一共只有 7777 个,样式、配件、衣服都是算法随机生成。如果你能赶上发行时就抢到,600 美元就能买一个和自己一起探索 3648 年失落地球的硬核伙伴,性价比高,代入感强。

> 好棒!这就是我在元宇宙中的分身,跟我心中的自己一模一样!

POINT 4 虚拟**分身**

元宇宙的第二个特征是虚拟身份，或者叫虚拟分身。分身一词源自梵文 Avatar，电影《阿凡达》的英文原名即 Avatar，因此，分身就是阿凡达们。

在游戏世界中，每个玩家被赋予一个虚拟身份。但元宇宙的"虚拟身份"显然超越玩家范畴，成为具有普遍性的同步和拟真。它要实现观音菩萨给孙悟空的三根救命毫毛的功能：拔出一根毫毛就能够变出分身，分身还是跟唐僧在一起，但是他的本身可能钻到铁扇公主的肚子里去了。我们每一个人在未来的元宇宙里边都有一个或者若干个分身，可能是一个教授、博士，也有可能是一个元帅、国王，当然也不排除是阿猫阿狗。

虚拟身份具备多元化应用场景/商业化路径，有三大发展趋势：一、高保真，在视觉表现层面，从外形、表情到动作都——还原真实人；二、智能化，运用语音识别、自然语言处理、语音合成等技术赋予虚拟人智能和情感表达；三、工具化，让用户能快速生产高品质资产。

在元宇宙时代，数字的具身化与身体的数字化已成为潜在共识。学者把那种握着手机打游戏、跟人远程网络视频、穿戴 VR 头盔的身体称为"技术身体"。在元宇宙中，一个从

> 除了一些不能抵达的生理部分之外,虚拟分身可以说是半个典范具身。

形貌到灵魂俱已上线的主体已不再是一个身份,而是半个典范具身。缺失的那一半被媒介填满,更被技术所强化,被交往关系所"创建"和"发明"。

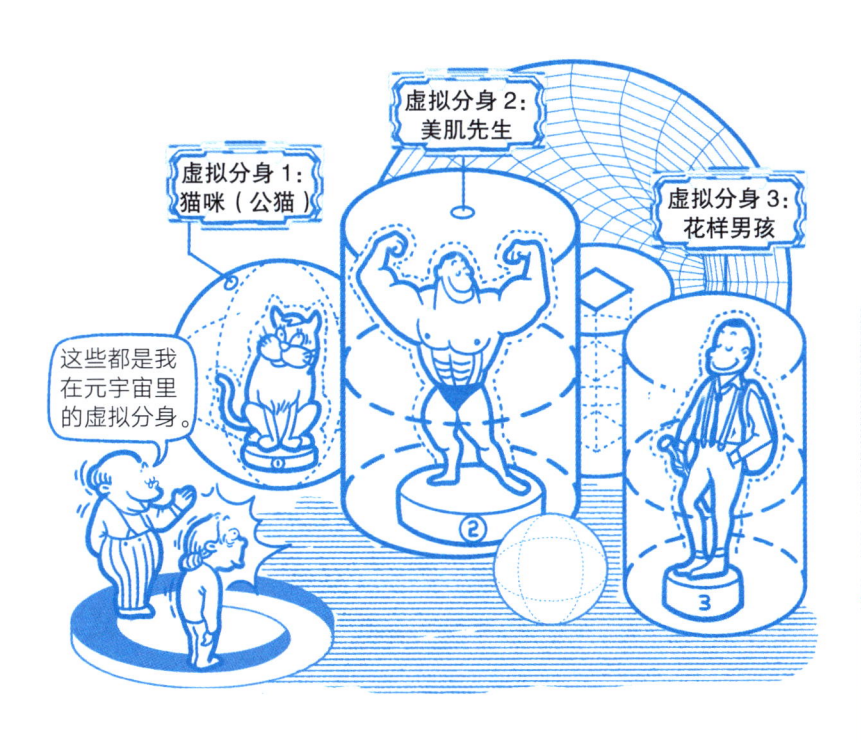

虚拟分身2:
美肌先生

虚拟分身1:
猫咪(公猫)

虚拟分身3:
花样男孩

这些都是我在元宇宙里的虚拟分身。

POINT 5 虚拟偶像 IP

在元宇宙中，身份型虚拟人可分为虚拟分身和虚拟 IP 两种。

相对于真人 IP，虚拟 IP 解决了品牌方对特定 IP 长期稳定持有的问题，而且人设稳定，可高频次产出品牌内容。

2021 年 10 月，名为"柳夜熙"的抖音账号发布了第一条视频内容，掀起了一阵"谁是柳夜熙"的讨论热潮，随后发布的两条视频为其带来了近 800 万的粉丝关注。柳夜熙正是虚拟 IP 产品。

湖南卫视在 2022 年 1 月 1 日首播的《你好，星期六》节目中启用了虚拟主持人小漾，这是国内首个常驻且人格化培养的虚拟 IP 主持人。

和虚拟偶像领域最早为人熟知的初音未来和洛天依一样，中国联通的安未希的人设是能歌善舞、多才多艺，可以通过文本驱动实现各种新闻播报、致辞、演讲、朗诵等活动，还可以实现与真人的智能交互。

现在走在连接现宇宙与元宇宙"香榭丽舍大道"上的，是无数虚拟分身、虚拟 IP……

虚拟IP解决了品牌方对特定IP长期稳定持有的问题。

POINT 6 NPC 虚拟人

无论是虚拟分身还是虚拟 IP，身份型虚拟人重在社交与表演。还有一种没有身份的虚拟人——各式各样的 NPC 虚拟人。

NPC 虚拟人是具有一定社会服务功能的虚拟人。它区别于身份型虚拟人的一大特征，在于其可利用深度学习模型，驱动呈现自然逼真的语音表达、面部表情和动作，还可通过预设的问答库、知识图谱，实现与现宇宙的交互，原本需要真人的标准化工作，都可以用 NPC 虚拟人代替。

目前，NPC 虚拟人已成功应用至传媒、金融、电商、汽车、智能家居等行业。银行业务大部分是自动化、标准化的，占用了大量人力，推出 NPC 虚拟员工，能降低成本、提高效率。同时，采用更加时尚前卫的虚拟人，也可以吸引更多年轻客户的关注。智能座舱作为汽车智能终端的核心硬件之一，让用户可以借助 App 创建虚拟人物，并可以手动调整脸型、肤色、发型、装扮和其他变量，从而打造元宇宙中独属于自己的数字 NPC 客服。

从外形、声音、内在的逻辑与交互方式来看，NPC 虚拟人正在朝"全特征类人化"发展，在学习、工作、生活、服务等领域中担任客服、新闻导播、天气主播、景点导游、知

> 从外形、声音、内在的逻辑与交互方式来看,NPC 虚拟人正在朝"全特征类人化"发展。

相芯科技公司虚拟天团

识解说员、教师等,与人类形成共生关系。

根据《虚拟数字人深度产业报告》,预计到 2030 年,我国虚拟人整体市场规模将达到 2700 亿元。其中,身份型虚拟人将在未来发展中占据主导地位,达到约 1750 亿元,NPC 虚拟数字人市场总规模也将超过 950 亿元。

POINT 7 虚拟经济

元宇宙第三个特征就是虚拟经济。

区块链是支撑元宇宙经济体系最重要的基础，NFT 具有不可互换、独特、不可分、低兼容以及物品属性，并且产品流通渠道单一，市场透明度、价格发现能力均有较高提升空间。特别是去中心化的 DeFi，能够让买卖交易、抵押借贷、保险等功能透过智能合约运作，去除掉银行等中间角色，节省大量的交易成本，说不定还有机会转换成给客户更优惠的利率或利息。

对于现宇宙的资本来说，元宇宙打开了一个全新的商业世界，传统领域包括金融、体育、广告、娱乐、会展、教育等将迎来革命性的变化。据彭博行业研究所的报告，预计"元宇宙"相关产业将在 2024 年达到 8000 亿美元的市场规模。摩根士丹利也发布报告，声称元宇宙将成为一个 8 万亿美元的庞大市场。普华永道也预计，元宇宙市场规模在 2030 年达到 1.5 万亿美元。

根据创业公司数据库 Crunchbase 数据，截至 2021 年 12 月，与元宇宙相关的公司已在 612 笔交易中筹集到 121.6 亿美元的资金，这也是过去 10 年中"元宇宙"类别企业筹集到资金最多的一年。

摩根士丹利称,元宇宙将成为一个8万亿美元的庞大市场。

2021年元宇宙相关公司筹集资金(单位:美元)

总计 121.6亿 = 游戏吸金 75亿 + 网络游戏吸金 25亿 + 增强现实吸金 21亿 + 虚拟世界吸金 0.6亿

2021年元宇宙相关公司筹集到的资金比2020年增长了62亿。

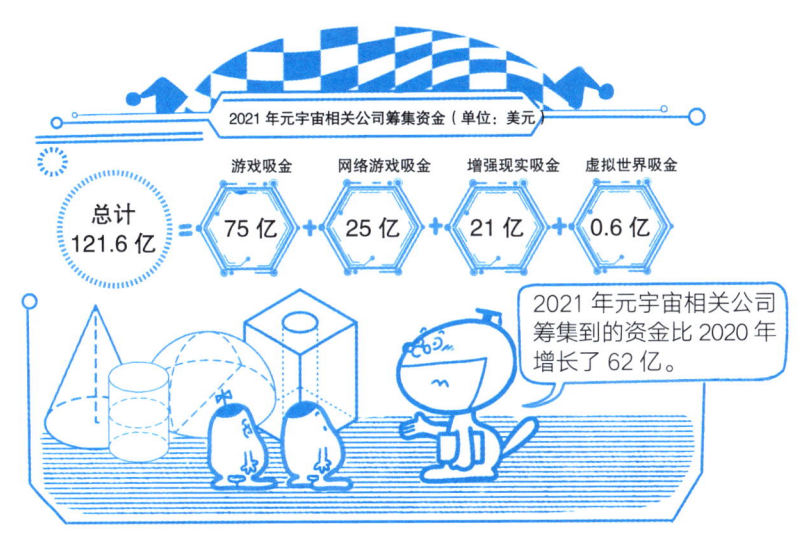

在中国,2021年以来,公司及自然人注册"元宇宙"商标的申请信息已经超过240条,其中不乏腾讯、爱奇艺、快手、字节跳动这样的互联网头部公司。在Roblox上市之前,腾讯就已经在2020年2月的G轮融资中进行参投,独家代理了Roblox中国区的相关产品发行,并注册了"王者元宇宙"和"天美元宇宙"商标。

POINT
8 去中心化

在电影《头号玩家》中，虽然主角开宗明义就说"绿洲（Oasis）是属于所有玩家的"，但其中的绿洲显然是一个中心化的场域，元宇宙则不同，应该是一个开放的、可互操作的生态系统，而不是由任何公司主导的。

在传统的游戏世界里，游戏开发商负责制定规则与维护，玩家花大把时间培育角色，如果开发者决定关闭游戏，玩家也只能无奈地接受。分布式自治组织DAO的出现，则可以把虚拟世界的所有权还给用户。以太坊就是一例，这个去中心化平台用区块链技术排除人为因素，将规则写入智能合约（smart contract），交由程序代码忠实执行。这是元宇宙的第四大特征

元宇宙平台Roblox和Epic Games也认为，元宇宙必须拥有去中心化的基础，避免被少数人所垄断。Roblox的联合创始人内尔·里默提出："元宇宙的权利应该属于用户，而不是公司。"Epic首席执行官蒂姆·斯威尼强调："元宇宙并非属于任何行业巨头，它是数百万人共同创造的结晶。每个人都可以通过内容创作、编程和游戏设计为元宇宙创造自己的价值。"

元宇宙一定是去中心化的，用户的虚拟资产必须能跨越

> DAO 的出现，就是要把虚拟世界的所有权还给用户。

各个子元宇宙进行流转和交易，才能形成庞大的经济体系。NFT、DAO、智能合约、DeFi 等区块链技术和应用，将激发创作者经济时代，催生海量内容创新，同时有效打造元宇宙去中心化的清结算平台和价值传递机制，保障价值归属与流转，实现元宇宙经济系统运行的稳定、高效、透明和确定性。

DAO 的决策过程示意图

POINT 9 虚拟治理

元宇宙由人组成，但人性有善有恶这一点是不会变的。要防止人的恶，发扬人的善，在元宇宙里边也要有虚拟社会的治理。但元宇宙是去中心化的，没有一个主宰者，它不属于任何一家公司，也不属于少数几家公司，而是属于全体用户。它跟公有区块链的组织模型相似，不可能有一个中心化的机构去控制它，也不可能由某一家公司来构建它。

类似于以太坊这样的一个无主网络，一个自主自治、基于数字货币和数字资产的价值网络，才是元宇宙的一个组织模型。在这个网络中，数据随时随地需要进行交互，没有边界，每个数据都能作为交互的中心，每个参与者的数据与资产全都展示其中，如果出现了数据泄露或者黑客入侵等事件，对元宇宙或者参与者的威胁都是巨大的。

目前，包括 Decentraland 在内的一部分元宇宙平台，正是作为分布式自治组织（DAO）基于区块链运行，可以不需要存在现宇宙中的"政府"来管理公共事务。人与人之间借助区块链技术的不可篡改、全程可追溯等特性，即可构建技术信任，减少对中心化组织所提供的机构信任的依赖，进而以一种全新方式去维护开放、平等的人际关系和社区自治秩序，同时利用通证、NFT 等经济权利来建立赏罚措施，以解

> 去中心化大规模协作网络,是元宇宙的一个组织模型。

决元宇宙中存在,但现宇宙的监管和治理规则无法覆盖的各种治理和监管问题。

区块链技术

私有链

联盟链

公有链

> 区块链有几种模式:第一种是私有链,第二种是公有链,第三种是联盟链。

CHAPTER **5**

元宇宙
从何而来？

游戏空间是人们基于对现实的模拟、延伸、想象而构建的虚拟世界，沉浸式的、可交互的、用户可编辑的、永久在线的、实时的游戏体验，基于区块链技术并以去中心化、高度智能和高度交互性为特征而形成支援用户资产与数据经济的下一代互联网，都为元宇宙创造了肥沃的土壤。

POINT

1 从游戏中来

游戏空间是人们基于对现实的模拟、延伸、想象而构建的虚拟世界，元宇宙的很多理念最初都来源于游戏。

1979 年，文字网游《MUDs》（多人历险游戏）诞生，它将多用户联系在一起。1986 年，第一个 2D 图形界面的多人游戏《Habitat》首次使用了分身，它也是第一个投入市场的大型多人在线角色扮演游戏。1994 年，UGC 模式在游戏中出现。1995 年，《Active Worlds》游戏上线，以创造一个元宇宙为目标，提供了基本的工具来改造虚拟环境。发布于 2003 年的《第二人生》是第一个现象级的虚拟世界，人们可以在其中社交、购物、建造、经商。在 Twitter 诞生前，BBC、路透社、CNN 等将其《第二人生》作为发布平台，IBM 曾在游戏中购买土地，建立自己的销售中心，瑞典等国家在游戏中建立了自己的大使馆。

在元宇宙概念爆发之前，电子游戏经历了从文字界面到 2D 图形界面再到 3D 图形界面的演变，并且在游戏中增加了交互与用户产出内容（UGC）的属性。游戏创作者通过增加游戏的纬度、交互程度以满足用户对于体验的更高需求。在游戏世界里，游戏的主角们在我们手下成长，根据玩家的喜好展现他们个性的一面，同时演绎着精彩的故事。世界背景

> 玩家对于游戏体验的不断追求,造就了技术的不断进步。

的设定,从如同日常生活那么平凡而真实,到虚幻而无所不包,甚至具备独立的逻辑结构,独一无二的生态和历史。

玩家对于游戏体验的不断追求,造就了游戏技术的不断进步。当 3D 图形游戏成为游戏标配的时候,人们又会追求

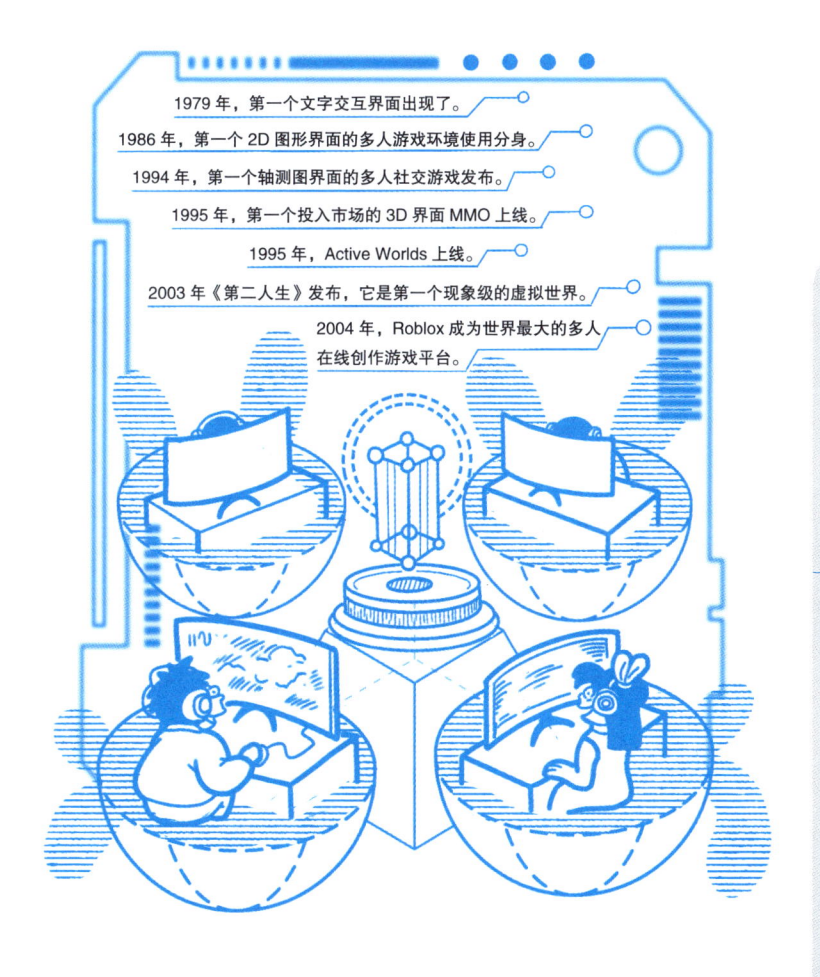

1979 年,第一个文字交互界面出现了。
1986 年,第一个 2D 图形界面的多人游戏环境使用分身。
1994 年,第一个轴测图界面的多人社交游戏发布。
1995 年,第一个投入市场的 3D 界面 MMO 上线。
1995 年,Active Worlds 上线。
2003 年《第二人生》发布,它是第一个现象级的虚拟世界。
2004 年,Roblox 成为世界最大的多人在线创作游戏平台。

更高的游戏体验，那就是沉浸式的、可交互的、用户可编辑的、永久在线的、实时的游戏体验，这就为元宇宙概念的提出创造了肥沃的土壤。值得思考的是，从游戏切入元宇宙虽然是很自然的选择，但它对于人类是不是一个最理想的起点？这种切入会不会成为拖累整体发展的阿喀琉斯之踵？

POINT 2 从互联网来

过去 20 多年,互联网已经深刻改变人类的日常生活和经济结构。1969 年,基于已有的阿帕网(ARPA)协议的互联网诞生于美国军方。随后,Web1.0、Web2.0 和 Web3.0 概括了互联网的主要发展阶段。一旦迈进了元宇宙,互联网的功用中心则彻底由信息变成了人,这标志着互联网"世界化"形态的完全形成。

	Web1.0	Web2.0	Web3.0
互动方式	阅读	读写	读写与拥有
媒介	静态文本	互动内容	虚拟经济
组织形式	公司	平台	网络
基础设施	个人电脑	云端与移动设备	区块链云
控制方式	去中心化	中心化	去中心化

从最初的四个站点互联,到所有 PC 的互联,再到所有的手机互联;从 20 世纪 80 年代中期的在线社区,到 90 年代聊天室、即时通讯的兴起,到 21 世纪初数百万人在魔兽世界游戏中社交,再到未来万事万物的互联,就是一个连接越来越普遍的过程;从最初的只能发发邮件,到看看文字图片,再到音视频和直播,再到马化腾提出的全真互联网,这是一

个越来越全方面沉浸到其中的过程。

如果说人们坐在计算机前浏览网页的互联网体验是二维的，那么人们通过使用穿戴式装置"行走"于元宇宙中，就是三维的。无论是 Roblox UGC3D 虚拟世界的新内容的呈现

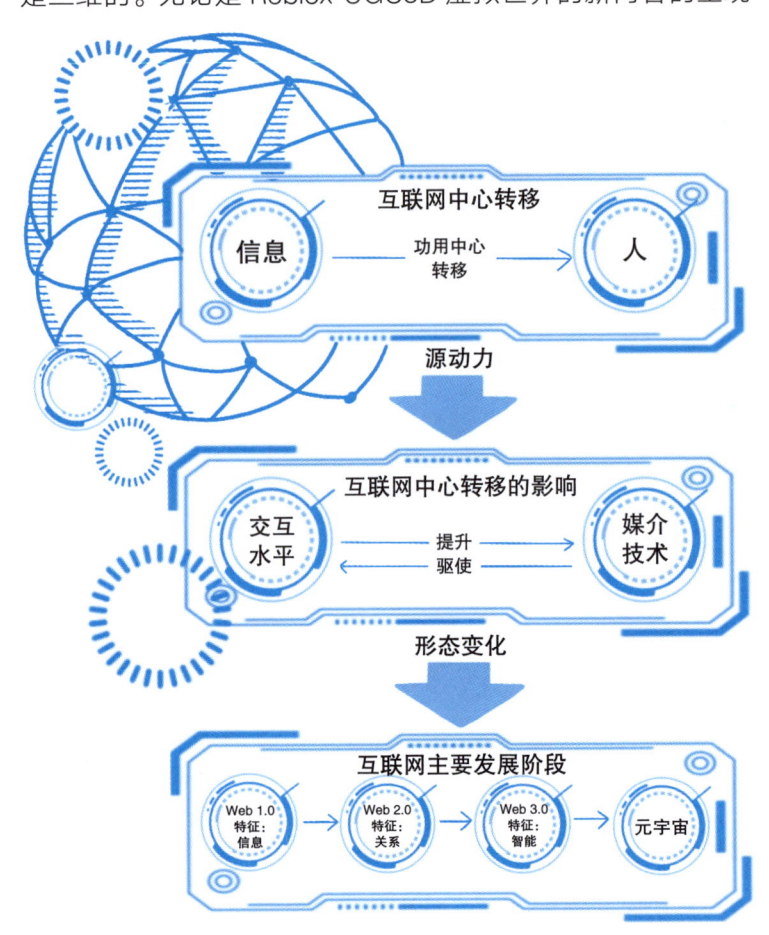

互联网中心转移

信息 —— 功用中心转移 ⟶ 人

源动力 ↓

互联网中心转移的影响

交互水平 ⇌ 提升/驱使 ⇌ 媒介技术

形态变化 ↓

互联网主要发展阶段

Web 1.0 特征：信息 → Web 2.0 特征：关系 → Web 3.0 特征：智能 → 元宇宙

> 互联网的功用中心彻底由信息变成了人，这标志着互联网"世界化"形态的完全形成。

方式，《Fortnite》举办的在线演唱会，还是《动物森友会》和《Horizon》带来的虚拟社交，都是底层科技和核心技术的迭代衍生出来的"新内容"，虚拟与现实碰撞，更沉浸、更互动。

综上，虽然元宇宙依旧是一个雾里看花的东西，但是在逻辑上它必定会包含 Web3.0 的发展，就好像 20 世纪 80 年代的移动电话变成现在的智能手机一样。

POINT 3 从技术奇点来

根据库兹兹韦尔的"奇点理论"，人类社会将会迎来一个历史性时刻，即 AI 超越人类的时刻。届时，纯粹的人类文明将会终结，人机物混合的智能体将会成为社会的主要物种。

从技术的角度看，元宇宙不是某个单项领域的技术，而是对现有前沿技术的一种整合和集成。在广义被认同的元宇宙中，所谓的六大支撑技术，即区块链技术、交互技术、电子游戏技术、人工智能技术、网络及运算技术以及物联网技术都有了一定的积累后，就要有一个新的业态出来，能够把这些研发的技术成果都用起来，形成一个新的业态，而且又有广阔的市场。我们现在处于一个全新的技术奇点时代，元宇宙是各项核心技术的发展到了一个奇点的必然产物。

为什么人类一下子就开启了一个智能手机的时代？是因为恰好在那个年代，众多的技术恰好达到一个奇点。芯片的技术日益成熟，可以将手机做得很小；3G 网络开始成熟并开始商业化。最重要的就是触摸屏的技术已经成熟，触摸效果已经非常灵敏，完全可商用了。一些应用软件技术也达到了一个奇点。2007 年，乔布斯把握了这个技术奇点的到来，设计出了一款天才的产品，宣告了智能手机时代的到来。

> 我们现在处于一个全新的技术奇点时代，恰好元宇宙满足所有的要求。

- 芯片的技术
- 3G 网络
- 触摸屏技术
- 应用软件技术

> 我刚买了一部苹果手机，听说智能手机时代是由苹果手机开启的。

> 是的，在那个年代，众多技术恰好达到一个奇点，乔布斯把握了这个技术奇点的到来。

POINT 4

从体验
需求来

元宇宙出现，标志着物质生活的价值与意义将会被数字生活、虚拟生活所超越。物质生活将主要发挥一种生物性、物理学支撑，精神世界才会是人的主要追求。元宇宙提供劳动机会，使得个体能够在多种空间提升生命价值。

元宇宙归根到底是人类的内在感知力量的释放，天然地服从人们对享乐沉浸的追求，它不是通过与他人一致而获得存在价值的，而是由绝对不可复制的独特性构成意义核心。它之所以让人们沉浸其中，不是因为可以让我们日复一日地重复单一型快乐，而是因为可以使我们走向完全不接受现实规划的多样性体验。在这样的时刻，创造性的体验想象将成为元宇宙叙事的第一生产力。

事实上，元宇宙和互联网一样，都是现代技术对快感体验的实体化诉求进行回应的结果。当年的 2G 网络基本上只能发手机短信，3G 网络基本上就是看手机彩信或者简单的图片，4G 网络就实现了在线看视频的要求。我们现在的 5G 网络在未来肯定能看具有 3D 效果的视频甚至全息视频。

举一个例子，你在香港，而女友在东北的漠河，你肯定不仅仅满足于看 3D 效果的视频，还想有触觉和嗅觉的体验感，比如想体验摸她脸的感觉，闻到她身体散发出的清香。

> 创造性的体验想象将成为元宇宙叙事的第一生产力。

除此之外,你还想要每天晚上吻一下她,那么怎么实现呢?你希望这些感觉和在现实生活中的一模一样。在元宇宙里的下一个技术热点就是实现虚拟世界的嗅觉、触觉仿真,很多公司已经在研究这个技术,也许在不久的未来就可以实现远程触摸和亲吻。

CHAPTER **6**

元宇宙
有理论支持吗？

元宇宙的本质是人创造的一个虚拟世界。既突破了虚拟和现实之间的壁垒,也改变了人们的生活方式和自我认知。人类对虚拟世界进行的一系列哲学探索,为元宇宙的发展提供了理论基础,其中包括柏拉图的"洞穴寓言"、笛卡尔的"恶魔假说"、卡尔·波普尔的"三个世界"理论以及赫伊津哈等人的游戏理论。

POINT 1 洞穴寓言（1）

元宇宙的构建基础需要从理论、技术和人文三个方面出发，不断探索对元宇宙的构建，并使之顺利运行。

元宇宙的本质是人创造的一个虚拟世界。目前，随着元宇宙雏形的出现，人们借助智能设备在虚拟世界遨游的时候，既突破了虚拟和现实之间的壁垒，也改变了人们的生活方式和自我认知。我们选取一些对元宇宙的出现和发展有促进意义的理论，作为其参照和理论支撑加以介绍。

首先介绍柏拉图在《理想国》中设计的一个洞穴寓言。大意是这样的：

有一批人犹如囚徒，世代居住在一个洞穴之中，洞穴有一条长长的通道通向外面，但人们的脖子被锁住，不能环顾，只能面向洞壁。他们身后有一堆火在燃烧，火和囚徒之间有一些人拿着器物走动，火光将器物的影像投在囚徒前面的洞壁上。囚徒不能回头，不知道影像形成的原因，以为这些影子是"实在"，用不同的名字称呼它们，并习惯了这种生活。

有一天，当某一个囚徒偶然挣脱枷锁回头看火时，发现以前所见是影像而非实物；当他努力走出洞口时，眼睛受阳光刺激，他什么也看不见，眼前一片虚无。他不得不回到洞内，但也追悔莫及，他恨自己看清了一切，因为这给他带来了更

> 元宇宙雏形既突破了虚拟和现实之间的壁垒,也改变着人们的生活方式和自我认知。

多的痛苦。

柏拉图继续说,因为这些囚犯从小到大,所能看见的只是前面洞壁上的影子,他们看不到身后真实的世界,只能听到传来的声音,他们以为声音是那些影子发出来的。柏拉图认为,人类的命运就和那一排被锁链锁着的囚犯类似。我们以为眼睛看到的就是世界的真相,但实际上,它也仅仅是一个幻象,就像那洞穴墙壁上投下的影子一样。

对洞穴寓言的一种理解

POINT 2　洞穴寓言（2）

柏拉图继续假设，如果有一个囚犯偶然挣脱锁链，跑到墙后面去了，看到了火。但是因为他从小到大一直待在黑暗的角落，仅仅能看到暗淡的影子，眼睛并不会适应强烈明亮的火光。这时候就算告诉他，他以前看到的仅仅是这个真实世界的物体所投下的影子，他也是不会相信的。于是，这个囚犯会因为恐惧而回到墙后面去，回到那个他习惯了的世界里去。

柏拉图继续假设，如果把一个囚犯强制拖出洞穴，到外面去看真实的世界，太阳、山脉、河流、树木等。一开始囚

> 我们见到和感觉到的世界,可能并不真实。

犯会因为不适应真实世界的明亮,不适应太阳光线,感觉眼睛暂时要失明,而且会因此而愤怒。但是当他慢慢适应了这个世界,他就会知道,这个世界比洞穴中那个世界更为优越高级。于是他就会同情之前和他一起被关在洞穴中的那些人,他想去把他们都带出来。但是当他再次返回洞穴时,他因为已经适应了外面明亮的世界,反而由于光线太暗而不适应。结果就算他把真相告诉同伴,他们也不会相信他。

柏拉图通过这个寓言生动地展示了他对于我们人类处境的思考:我们见到和感觉到的世界,可能并不真实。所有这些表象之后,都隐藏着真实的原型。柏拉图称之为"形"。而要认识到这种"形",也就是真实的世界,只有依靠理性的推理。

POINT 3 恶魔假说

"理性主义"哲学家勒内·笛卡尔在《第一哲学沉思录》中讲述了这样一个大胆的假说，他认为世界上可能存在这样一个"恶魔"，不仅在感官上欺骗人，还让人在做最简单的判断时犯错："我脑中根深蒂固的想法是有一个无所不能的上帝，他将我创造成这样。我怎么知道他没有做过别的事？或许其实并没有天，没有地，没有延伸出来的万物，没有形状，没有大小，没有地点，而同时他又确保让我认为这些事物都是存在的，就像现在这样……因此，我会假设，并不是至高无上且作为真理来源的上帝，而是一些拥有极端强大力量、恶毒而狡猾的魔鬼使用了他们所有的能量来欺骗我。我认为天空、空气、土地、颜色、形状、声音和所有表面事物，都只是为了给我的判断下圈套而设计的梦中错觉。"

笛卡尔在梦的论证的基础上总结出一个观点：感官体验是一种不可信赖的确证机制。因此，他对基于感官证据上形成的所有信念都表示怀疑。

尽管所谓的"恶魔"假说看起来无厘头，但你如何能够证明自己不是处于笛卡尔所形容的境况中呢？似乎任何你所知道的一切都可能只是那个恶魔的一个圈套而已。

> 是不是一些拥有极端强大力量、恶毒而狡猾的魔鬼使用了他们所有的能量来欺骗我？

恶魔假说

POINT 4 三个世界

早在 1972 年，卡尔·波普尔在他的《客观知识》一书中，已经系统提出了"三个世界"划分理论。

世界 1 又称第一世界，是物理世界，由客观世界的一切物质及其各种现象构成。世界 2 又称第二世界，是人的精神或心理世界，包括意识状态、心理素质、主观经验，即主观世界。世界 3 又称第三世界或人工世界，即思想内容的世界，实际上是人类精神产物的世界，包括一切可见诸客观物质的精神内容，或体现人意识的人造产品和文化产品，如语言，文学艺术，科研过程中的问题、猜测、反驳、理论、证据，以及技术装备、图书等。

三个世界是统一、连贯的，波普尔把心理世界、物理世界并列，相信世界的发展是处于三个亚世界的相互作用之中的，而心理世界处于中介位置上，同时特别强调人工世界的客观实在性与独立自主性。

首先，人工世界不同于心理世界，后者指的是心理和思想的状态和过程，而前者则是思想内容。虽没有客观的意识、精神，但确有客观的知识。其次，人工世界也不同于物理世界。前者有物质载体并物化于后者之中。如语言被物化在声波和书写符号之中，理论和文学被物化在笔墨纸张中。若

> 世界的发展是处于三个亚世界的相互作用之中的，而心理世界处于中介位置上。

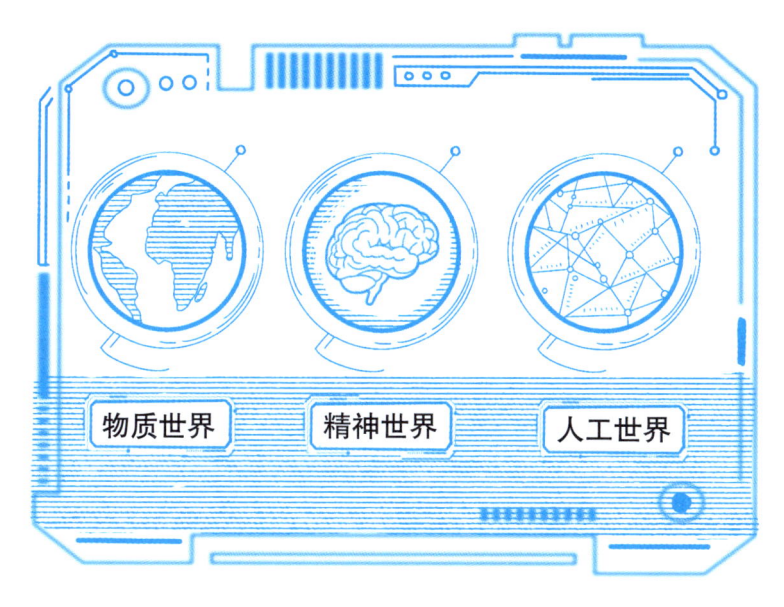

| 物质世界 | 精神世界 | 人工世界 |

没有人的知识充当价值和灵魂，这些材料只能是一堆无用的废料。

　　元宇宙是人类心理世界的反映，同时又是一个不同于物理世界的新的客观存在，属于人工世界的范畴。元宇宙与物理世界需要通过心理世界作为桥梁才能互相作用。三个世界的理论把人的思想活动成果纳入统一的三元本体论体系来考察，对元宇宙的理论发展提供了支持。

POINT 5 人是游戏者（1）

自康德在 18 世纪末开始思考关于游戏的理论问题以来，思想界关于游戏理论的探索一直延绵不断，包括席勒、斯宾塞、朗格、谷鲁斯、弗洛伊德、伽达默尔等在内，都提出了自己的理论。比如康德提出自由论，将游戏看作是与被迫劳动相对立的自由活动；弗洛伊德认为游戏是人借助想象来满足自身愿望的虚拟活动，其对立面不是谋求外物的劳动，而是人谋求并利用外物以满足自身愿望的整个现实活动。

而对游戏进行多层次全面研究的，则以荷兰语言学家和历史学家约翰·赫伊津哈最为突出。他的《人：游戏者》一书是第一部以文化学、文化史学视角为切入点，阐述游戏的定义、性质、观念、意义、功能及其与诸多社会文化现象的关系的著作。

赫伊津哈一反西方在人和人性理解上的理性主义传统，张扬和强调人的游戏本质和游戏因素对于文明的极端重要性，得出了"人是游戏者""文明是在游戏中并作为游戏而产生和发展起来的"两个结论。

他明确指出："文明是在游戏之中成长、在游戏之中展开的，文明就是游戏。""在文化的演变过程中，前进也好，倒退也好，游戏要素渐渐退居幕后，其绝大部分融入宗教领域，

> 文明是在游戏中并作为游戏而产生和发展起来的。

余下结晶为学识（民间传说、诗歌、哲学）或是形形色色的社会生活。但哪怕文明再发达，游戏也会'本能'地全力重新强化自己，让个人和大众在声势浩大的游戏中如痴如醉。"

POINT 6 人是游戏者（2）

赫伊津哈把游戏作为"生活的一个最根本的范畴"，并归纳出游戏的三个特征。

一、游戏是自由的，是真正自主的。儿童和动物喜欢游戏，如果要说是本能驱使，就犯了窃取论点的谬误。

二、游戏不是"平常"生活或"真实"生活。孩子们都心知肚明，"只是在假装"或"只是好玩而已"，但这并不会使游戏变得比"严肃"低级。游戏还可以升华至美和崇高的高度。

三、游戏受封闭和限制，需要在特定的时空范围内"做完"。"竞技场、牌桌、魔环、庙宇、舞台、银幕、网球场和法庭等在形式和功能上都是游戏场所，即隔开、围住奉若神明的禁地，并且特殊规则通行其间。它们都是平行世界里的临时世界，用于进行和外界隔绝的活动。"

而第三点中所提出的平行世界，则直接为元宇宙概念的形成提供了基础。人类是旧宇宙的果实和新宇宙游戏的种子，人类的发展，从本质上讲就是作为旧宇宙果实的成熟过程，以及作为新宇宙种子的萌发过程，这决定了人类的发展方向就是全面而又透彻地认识旧宇宙、积极而又成功地开拓新宇宙。当人类作为旧宇宙的果实而成熟之后，它将从旧宇宙中消亡，在新宇宙中作为运行机制或开拓要素而存在。

> 游戏场所是平行世界里的临时世界,用于进行和外界隔绝的活动。

POINT 7 无限游戏

"无限游戏"这一概念,源自美国纽约大学教授詹姆斯·卡斯 1987 年出版的《有限与无限游戏》(*Finite and Infinite Games*)。在他看来,整个人类文明都是游戏且分为两种,一种是有限游戏,一种是无限游戏。

有限游戏是在边界内所玩的一场胜负竞技,有一个确定的开始和结束,比如考试、升职、竞选。而无限游戏是一种生存模式,目的是将更多的人或者回合带入到游戏本身中,从而延续游戏,比如爱情、家庭、企业、国家。有限游戏会外化为战争、专制、封闭、瘟疫等结果,是一种零和博弈的思维。无限游戏没有零和式的赢家,通往合作、共赢、宽容与民主。

有学者指出,人们所理解的元宇宙,就是一个所有参与者"共建、共创、共治、共享"的无限游戏。

科幻作家长铗表示,无限游戏有两个基本特征,一个是自我进化,一个是去中心化。前者需要依靠人工智能技术来帮助实现,元宇宙中的世界观、规则、内容都要能够自我进化。目前,即便是元宇宙第一股 Roblox,也无法实现自我进化。关于去中心化,即你可以用一个身份登录任何一个游戏,所有游戏中的资产可以任意通行。无限性需要依靠区块链技术来注入,比如不可停机、游戏规则不可篡改、数据归属于用户本身等。

> 元宇宙就是一个所有参与者"共建、共创、共治、共享"的无限游戏。

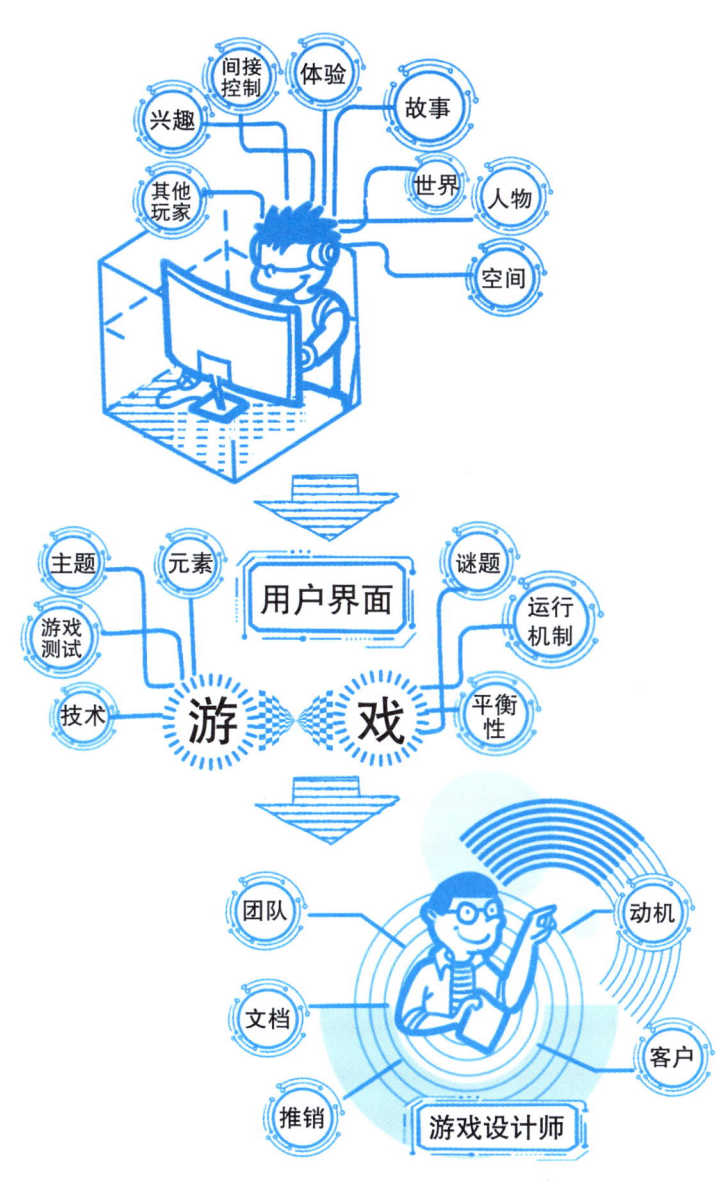

游戏体验要素

- 间接控制
- 体验
- 兴趣
- 故事
- 其他玩家
- 世界
- 人物
- 空间

游戏

用户界面
- 主题
- 元素
- 谜题
- 游戏测试
- 运行机制
- 技术
- 平衡性

游戏设计师

- 团队
- 动机
- 文档
- 客户
- 推销

一本书读懂元宇宙

6 元宇宙有理论支持吗？

099

POINT 8 游戏改变世界（1）

游戏，前所未有地占据和改变了我们的生活。世界所有玩家花在《魔兽世界》上的总时间超过 593 万年，恰好相当于从人类祖先第一次直立行走演进至今的时长。

2012 年出版的《游戏改变世界》一书中提到，将来游戏会延伸到我们生活里的每个角落，会成为真实生活的一部分。人们对游戏的狂热可以转化为改变世界的动力。作者还提到一种所谓的"平行实境游戏"，即一种不是为了逃避现实而是为了从现实中得到更多的游戏，它能轻松地产生我们渴望的内在奖励，使我们更全情投入现实生活。

这本书的作者简·麦戈尼格尔是美国著名未来学家、未来趋势智库"未来学会"游戏研发总监。他认为，通过游戏，我们能帮助他人改善生活，甚至解决能源危机等世界性问题。游戏是改变世界的一种有效方法，能提供现实世界中匮乏的奖励、挑战和宏大胜利，还可以弥补现实世界的不足和缺陷，让现实变得更美好。

他在书的引言中说：下一代或下两代会有数量更多的人，甚至会有好几亿人沉浸在虚拟世界和在线游戏里。一旦我们玩起游戏，外面"现实"里的事情就不再发生了，至少不再以现在这样的方式发生了。数以百万工时的人力从社会中抽

> 通过游戏,我们能帮助他人改善生活,甚至解决能源危机等世界性问题。

离出去,必然会发生点什么超级大事件。

作者认为,游戏化是互联时代的重要趋势,可以实现四大目标:更满意的工作、更有把握的成功、更强的社会联系及更宏大的意义。如果人们继续忽视游戏,就会错失良机,失去未来。如果我们可以借助游戏的力量,便可以让生活变得像游戏一样精彩!这些设想显然更为重视元宇宙对于现实社会的意义。

《History of Biology》是一款针对高中生和生物爱好者制作的电子游戏,用寻宝式的玩法向玩家传授关于生物的历史,涉及的内容包括显微镜、动植物的分类学、遗传学还有进化学等等,寓教于乐,由浅入深。

POINT 9 游戏
改变世界（2）

在很多家长眼里，玩游戏基本就是和玩物丧志挂在一起。这样的念头实在根深蒂固，不然，为何会有如此多的家长将孩子送到某些行为矫正机构去电击呢？但是，有些游戏已经被证明可以发挥改变世界的正面作用，比如以下三个游戏。

《Planet Hunters》游戏是"宇宙动物园"计划的一部分，让玩家寻找宇宙中的行星，方法是通过恒星亮度的数据变化得出可能，目前已经取得了一定的成绩。

《EyeWire》游戏的目的是汇集网友的力量来绘制大脑细胞的神经元网络图。游戏只需要玩家按照指定要求帮忙填补空白，最终通过收集的足够数据进行演算绘制结果。

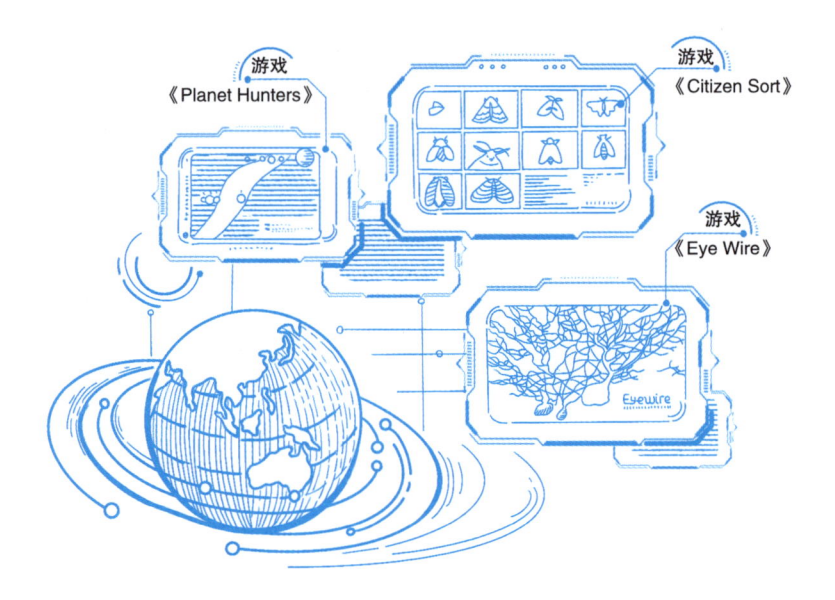

> 游戏能训练敏感的合作雷达,即所谓第六感。

《Citizen Sort》游戏在线提供大量的生物图片,让玩家进行对比、排除、筛选,通过大量反馈对生物外观特征进行更准确的分类识别,以更好地区别种与种之间的差异。

除此之外,游戏对人的积极改变还包括与人合作方面。合作是游戏玩家极为擅长的一件事。在游戏中和伙伴相互配合,有针对性地朝着一个共同的目标行动;协调行动,同步努力,资源共享;共同创造,一起生产出新颖的结果。这些都能训练敏感的合作雷达,即所谓第六感。

同时,游戏还可以训练人的应急处置能力,使人适应复杂而混沌的系统,并实现自己的目标,因为玩家不在乎杂乱和不确定性。

POINT
10 平行智能社会

王飞跃博士是中科院自动化研究所复杂系统管理与控制国家重点实验室主任，他在 2015 年提出了自己的"平行智能社会理论"。他以"三个世界"理论为基础，指出算法只能在波普尔所说的人工世界开放。农业社会开发了物理世界的地表资源，工业社会通过文艺复兴开发了心理世界，解放了思想，回过头又开发了物理世界的地下资源。今天环境污染、精神污染之后，必须开发人工世界了。在物理世界中，人是行动的主体，到了心理世界，人是认知的主体。只有在人工世界，人才是真正的主宰。人类设计的算法能够在这里得到解放，唯一的约束就是想象。将来，人的生活空间有 50% 在现实的空间，50% 在虚拟的空间，这就是化解复杂性以及智能化矛盾的方法，就是一定要使用 ACP 的平行理念：人工社会 + 计算实验 + 平行执行。

不仅系统需要平行，将来的人、物、设备、工业过程、智能系统、农场、企业、组织、社区、城市、社会甚至世界，也一定要是平行的才是完整的，一对一，一对多，甚至多对一，最后将实现多对多。

王飞跃博士还认为，以后所有的管理都会改变，要像控制机器人一样管理人，像管理人一样控制机器，这就是元宇

> 将来，人的生活空间有 50% 在现实的空间，50% 在虚拟的空间。

宙的真谛。将来，你一上班就有三个机器人，软件机器人懂你了，你们合起来就变成平行员工，合起来就把小数据变成大数据，大数据变成深智能。人要跳槽、要请假、要退休、要生病，他们永远在，我们只是喂养这些机器人的粮食而已——信息。

这一理论对面向现宇宙和虚实共生的元宇宙，提出了持续构建和治理的方法与技术手段，有很高的实践指导价值。

> 只有在人工世界，人类才是真正的主宰，愿意干什么就干什么，唯一的约束就是想象。

POINT 11 社会媒介（1）

人类社会的文明发展史伴随着传播媒介的不断演进。传播理论界的一代宗师哈罗德·英尼斯认为："一种新媒介的长处，将导致一种新文明的产生。"大众传播媒介，从图文媒介、视听媒介、网络媒介发展到元宇宙，产生了鲜明的跨代特征，预示着未来媒体的基本形态。

媒介是人体器官的延伸，从 PC 端到移动端，移动互联网普及把在线网络世界带进现实。AR/VR 硬件设备的升级则把人置于在线虚拟世界中。中信建投研究报告的数据显示，2020 年，全球 VR 头戴显示设备出货量为 670 万台，同比增长 72%，预计 2022 年将达到 1800 万台。无论是从使用习惯，还是从感官体验的角度来看，虚拟与现实的边界都在日渐模糊。

有学者提出"孪生媒介"和"虚构媒介"两个概念。孪生媒介是将物理实体空间及其构件的虚拟数字孪生体作为信息承载、展现、组织及传播的介质，基于互联网络为用户提供实时在线、沉浸交互体验。虚构媒介将物理空间不存在的虚构的数字体作为传播介质，大型多人网络角色扮演游戏（MMORPG）是虚构媒介的典型应用。

对各类媒介多个维度做横向对比，从以印刷图书为载体

> 大众传播媒介，从图文媒介、视听媒介、网络媒介发展到元宇宙，产生了鲜明的跨代特征。

的图文媒介，到以电子信号为载体的视听媒介、以互联网为载体的网络媒介，到以孪生/虚构数字体为载体的孪生媒介/虚构媒介，人与媒介的关系，其沉浸感、参与感、交互性逐步趋于增强。

	传播	大众传播
过程	大多都是双向的	大多都是单向的
传播者形态	一个人，少数人的	组织化，多数人的
受众形态	与传播者有共同经验，彼此利害与共	受众意见不容易影响传播者（通常采用平均印象）
媒介运用	面对面，一般媒介	大众媒介
受众成分	知悉对方，熟知其人	散布各地，互不相识
回馈反应	立即	较少回馈，有延迟性
受众选择暴露	受众无法我行我素（碍于人际情面）	可以随时变更选择

POINT 12 社会媒介（2）

　　元宇宙是一个复杂关系的转型过程，其逻辑立足于人的解放和社会的转型，将进一步改变交流的性质和社会关系。形成全时在线、互联互通、互操作的统一时空，才是元宇宙成型的基本条件。在此之前，尽管互联网平台可做到随时在线、网站可通过 HTML 实现全球互联，但并未形成统一的 3D 时空及在其中的应用互操作。从内容角度看，元宇宙可分为拟真、虚构两大类。拟真的元宇宙，其本质是孪生媒介；虚构的元宇宙，其本质是虚构媒介或称为游戏媒介。

　　媒介环境学派的代表人物马歇尔·麦克卢汉提出"媒介即人的延伸"，将媒介技术视为"人类身体或感官在社会和心理上的外延"。在元宇宙的理想状态下，肉身的传播主体离场，技术深度嵌入自然人所造就的虚拟分身将成为元宇宙中主要的传播主体，使媒介"不再是外在于人的工具或者机构，而是转为身体本身"。这种融合不断加强，彻底打破人与社会的二元对立，形成多维空间的"嵌套"，进而对人的行动产生影响，形成新的生活方式。随着向精神内在的持续探求，人类借助元宇宙的媒介力量，将逐步突破地球限制、突破自然规律限制，彻底模糊"线上线下"的概念，甚至演化为星际物种、数字物种。

> 作为传播主体的虚拟分身使媒介"不再是外在于人的工具或者机构,而是转为身体本身"。

元宇宙媒介(孪生媒介、虚构媒介)是构建未来媒体乃至平行智能社会的新基点,将逐步构建起虚实融合、沉浸交互、模拟仿真、平行执行的智能社会形态,对全球政治、生产经济、社会关系,以及人们的日常生活都将带来巨大影响。

POINT 13 脱域理论

"脱域"原本是一个社会学概念,在英国安东尼·吉登斯《现代性的后果》一书中首次提出,意指"社会关系从彼此互动的地域性关联中,从通过对不确定的时间的无限穿越而被重构的关联中脱离出来"。

比如在以前,泼水活动是傣族等少数民族人们在特定的时间和地点举行的活动,而在现代社会中,泼水活动可以在旅游景点中随时举行。这里同时涉及了"脱域"(Disembedding)和"回归"(Reembedding)两种力量的博弈,民俗村的发展和泼水活动的发展是相互的,同时是地方性与全球化和谐发展的连接点。

在当代,脱域成为社会运行的基本特征之一,主要体现于人类社交活动对于具体物理时空的脱离,可以在"生活场景"中来去自如。比如微信朋友圈是一个生活场景,在QQ空间和微博上又是另一个生活场景,在朋友圈记录了我们的动态,在微博写下了我们的读书心得……我们在这里构建媒介上的"生活场景"。吉登斯说:"这种虚拟与现实的关系让我们毫不费力地'窥探'他人的生活状态又能全身而退。在这种情境下进行的交往在一定程度上不用为现实负责。"

时空脱域让人类活动极大地摆脱了客观世界与地理位置

> 脱域成为社会运行的基本特征之一。

的束缚。数字原生的虚拟社交方式根本性地扩展了人类活动的边界。尤其是区块链技术的迅猛发展,让数字艺术脱域物理时间与空间,开启了加密数字内在时间流的新纪元。

这就是一种意识的脱域、一种人类文明的脱域。

POINT 14 缸中之脑

在普通人的观念中，如果大脑离开了人体，基本上就只有死亡。然而，有的哲学家偏偏不信这个邪。1981年，哲学家希拉里·普特南在著作《理性、真理和历史》中提出："一个人（可以假设是你自己）被邪恶科学家施行了手术，他的大脑被切了下来，放进一个盛有维持脑存活营养液的缸中。大脑的神经末梢连接在计算机上，这台计算机按照程序向大脑传送信息，以使它保持一切完全正常的幻觉。对于它来说，似乎人、物体、天空还都存在，自身的运动、身体感觉都可

> 只要电脑给缸中的大脑发送它正在跑步的信号，它就会以为自己真的在跑步吗？

> 是的，这是它唯一跟环境交流的方式，它完全无法确定自己是颅中之脑还是缸中之脑。

> 大脑无法知道自己是在颅中还是在缸中，这世间的一切可能都是虚假的、虚妄的。

以输入。这个大脑还可以被输入或截取记忆（截取掉大脑手术的记忆，然后输入它可能经历的各种环境、日常生活）。它甚至可以被输入代码，'感觉'到自己正在阅读一段有趣而荒唐的文字。"

实验的基础是人所体验到的一切都需要在大脑上转化成为神经信号。因为缸中之脑和颅中之脑接收一模一样的信号，而且这是它唯一和环境交流的方式，从大脑的角度来说，它完全无法确定自己是颅中之脑还是缸中之脑，因此这世间的一切可能都是虚假的、虚妄的。那么什么是真实的？

自身存在的客观性被质疑，在一个完全由"刺激"创造的"意识世界"中将形成一个悖论。它有许多思想原型，如庄周梦蝶、印度教的摩耶甚至笛卡尔的"恶魔"。

CHAPTER **7**

元宇宙需要
什么技术实现？

元宇宙从想象中的"可能世界"外显为看得见、摸得着的"虚拟世界",必须依靠硬件和软件两方面技术的突破。前者为人们提供打开元宇宙大门的钥匙,后者则规定并完善了元宇宙的运行逻辑和规则。二者互相融合影响,形成元宇宙的底层物质支撑。

POINT
1

硬件＋软件

元宇宙从想象中的"可能世界"外显为看得见、摸得着的"虚拟世界"，必须依靠硬件和软件两方面技术的突破。硬件技术和软件技术构成了元宇宙的物质底层。前者为人们提供打开元宇宙大门的钥匙，后者则规定并完善了元宇宙的运行逻辑和规则。二者互相融合影响，形成元宇宙的底层物质支撑。

正如互联网架构在 IT 相关技术基础之上，元宇宙的崛起和发展离不开庞大技术体系的支撑，这个体系可以概括为以下六大技术支柱：

区块链技术

接口和交互技术

电子游戏技术

人工智能技术

智能网络技术

物联网技术

这六大技术的英文首字母组合是 BIGANT，中文翻译趣称"大蚂蚁"。元宇宙这只"大蚂蚁"可以说集数字技术之大成，它有六条腿，缺一不可，多点连线，就是每类技术一方面在独立往前发展，另一方面又会驱动其他技术进一步往前

> "可能世界"外显成"虚拟世界",必须依靠硬件和软件两方面技术的突破。

取得进展和突破,最后融合于元宇宙这一生态。

元宇宙的最终落地,也需要这些支撑技术的不断完善和突破。举例来说,2020 年出现了将大脑信号转化为文本数据的技术,可以翻译人脑想法,这一"读懂意识"的交互技术突破,直接催生了 2021 年元宇宙元年的到来。而 NFT 和智能合约等区块链技术的应用,正在激发和催生海量的内容创新。

硬件技术的构建,从现宇宙的角度来说,要有进出元宇

宙的出入口，也就是相应的接口。从元宇宙的角度来说，数字化和智能化的设备技术不可或缺。这就要求高端芯片制造技术、显示硬件技术、数据存储设备技术等不可或缺。为了实现深度交互，包括5G（甚至是6G）技术、云技术、通信设备技术等在内的通讯技术也非常必要。

除此之外，元宇宙的运行也需要强大的软件技术，可以时刻满足人们日益高涨的交互需求。数字资产的发展对新型加密技术提出了更高的要求，区块链技术的发展在保证数字资产安全性的同时，也能够确保交易的安全性（智能合约）。图形图像技术的发展，在更好地复刻了现宇宙的同时，也让人们在元宇宙中产生更为深刻的沉浸式体验，促进了元宇宙中虚拟文明的发展。

综上，元宇宙是不断"连点成线"的软硬件技术创新的总和，它分为后端基建和底层架构两大类。前者包括物联网技术、交互技术和电子游戏技术，后者包括网络及运算技术、人工智能技术和区块链技术。

元宇宙是不断"连点成线"的软硬件技术的总和。

人工智能技术

智能网络技术

接口和交互技术

电子游戏技术

区块链技术

原来需要这么多项技术才能实现元宇宙世界,科学家们真了不起啊!

是啊,我们非常幸运赶上了这个时代!

物联网技术

一本书读懂元宇宙

7 元宇宙需要什么技术实现?

POINT

2 区块链

区块链是一个分布式的数据存储技术，它使用密码学方法来确保数据的安全性和一致性，其核心是由多个节点（也称"区块"）组成的分布式数据库。区块链技术是元宇宙的发展核心，也将是继 20 世纪 90 年代因特网普及以来，最具颠覆性的新兴技术。

区块链技术具有以下几个特点：一、去中心化：它不受任何单一节点的控制，因此不会受到任何人为干预。二、不可篡改：要想篡改它，需要同时修改所有节点的记录，而这几乎是不可能实现的。三、安全性：由于数据是加密存储的，即使被盗也无法被读取。

区块链技术最初是由虚拟货币的应用开发出来的，主要应用于记账，所记的对象不仅是货币，也可以是房子、汽车、土地，甚至是无形的知识产权、专利、品牌等。随着区块链技术的发展，它被应用于越来越多的领域，例如分布式记账、智能合约、供应链金融、数字资产交易平台、数字版权保护等。

区块链技术的去中心化与不可篡改的特性，可以使其方便地管理用户数据，分布式存储的架构也可以分摊载体算力与数据存储的压力，与元宇宙有着天然的契合度。但区块链

> 区块链技术的去中心化与不可篡改的特性，与元宇宙有着天然的契合度。

我刚刚在元宇宙的数字艺术平台卖了两件作品！

在元宇宙还能卖作品？哇！我也要试一下！

本身的匿名性，也让这项技术容易被犯罪分子利用。

当前区块链有三种模式，一种是私有链，为企业或某个单位自己创建，规模最小，承载量有限，但可控性最高。第二种是公有链，全世界都可以参与进来，承载量大，但会产生不可控因素。第三种是联盟链，为某个行业内部或生态内部创建，通过生态合作伙伴来扩大其承载能力，在承载量与可控性上实现了平衡。

POINT 3 NFT 技术

NFT 既能解决身份认证和确权问题，又可以实现元宇宙之间的价值传递，更是现宇宙和元宇宙之间的桥梁，应用场景正在向各个领域不断扩大和深化。

第一，NFT 作为非同质化通证，能够映射虚拟物品，提供了数字所有权和可验证性，可以对元宇宙中的每件商品进行有效的身份认证和确权，使每件商品都有独特的价值和相应的价格，是元宇宙中原生资产的主要载体。

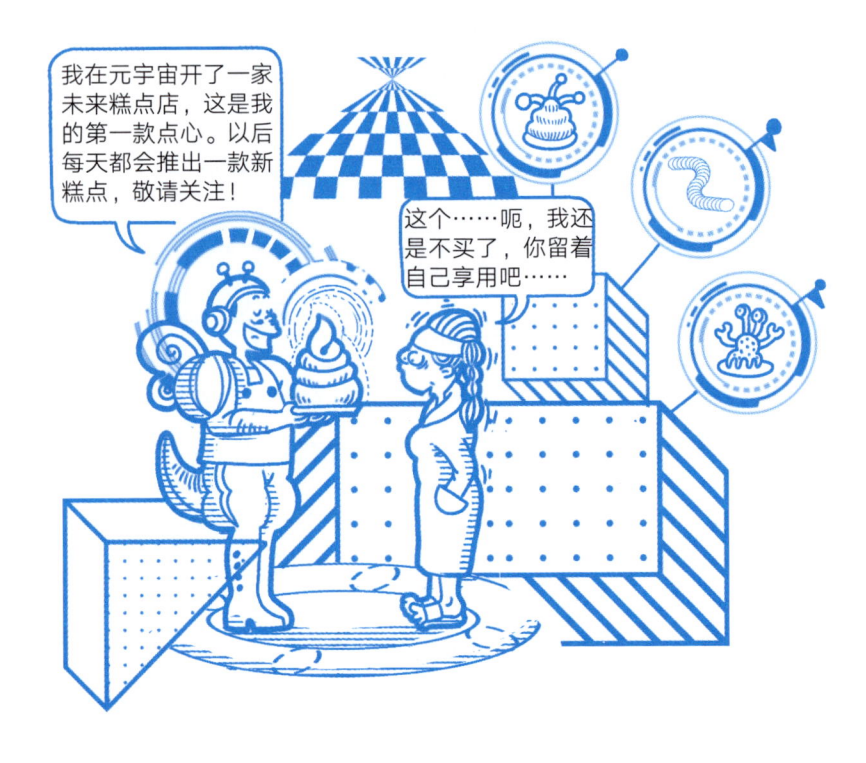

> NFT既能解决身份认证和确权问题，更是现宇宙和元宇宙之间的桥梁。

第二，NFT资产可以在不同的宇宙、不同的应用场景之间实现全局证明，同时，NFT商品自带价值共识下的互动机制，会催生各种线上共管社群的建构。

目前，NFT除了用于收藏、投资外还没有其他大的普及应用，普通使用者多是到交易平台OpenSea下载和更换头像，有人也因此嘲笑NFT是花大钱买来的JPEG。不过2022年1月，推特释出联结加密货币钱包的API（应用程序接口）功能，用户可以从加密钱包中选择一款NFT当作推特头像，还可以不断更换。当人们在元宇宙中的"分身"从衣服、帽子、鞋子到饰品全都是独一无二的NFT时，自然就无可取代，设计师也就能以创造NFT为生了。

POINT 4　接口和交互技术

接口和交互技术是制约当前元宇宙沉浸感的最大瓶颈所在，分为输出技术和输入技术。前者包括头戴式显示器、触觉、痛觉、嗅觉甚至直接神经信息传输等各种电信号转换到人体感官的技术；后者包括微型摄像头、位置传感器、力量传感器、速度传感器等。

目前主流的遥控器、键盘、鼠标、触屏等交互外设，不会是元宇宙应用的最佳选择，它追求的是综合语音、手势、眼动、动感/触感模拟、AI助理等各种自然交互技术，实现

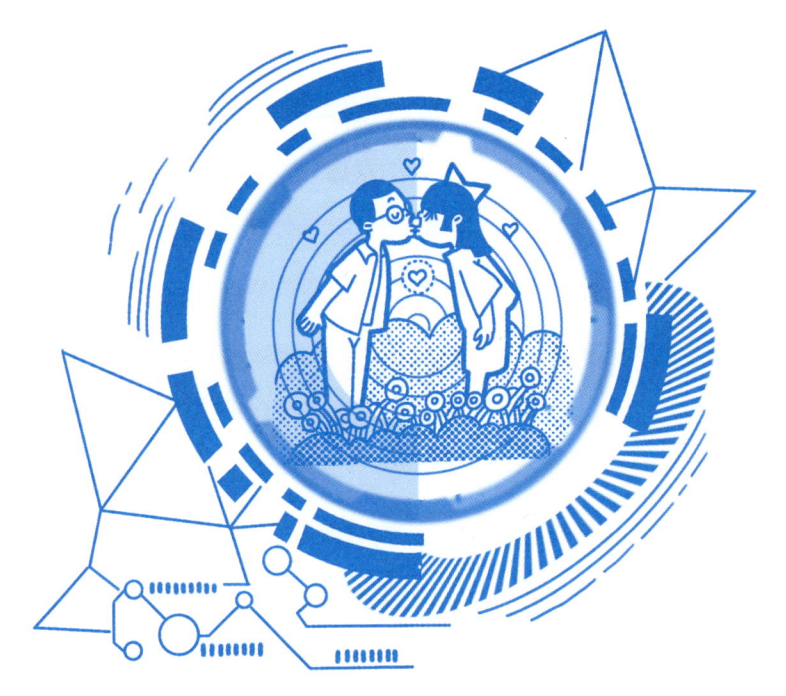

> 如果脑机接口能连接上你的感官神经，不用睁开眼，你就可以看到元宇宙的世界。

更加直观、沉浸、轻松、自在的交互体验。人眼的分辨率为16K，这是没有窗纱效应的沉浸感起点。如果想要流畅平滑真实的120Hz以上刷新率，即使在色深色彩范围都相当有限的情况下，1秒的数据量就高达15GB。目前包括Oculus Quest 2在内的大部分产品只支持到双目4K，刷新率从90Hz到120Hz，还只是较粗糙的玩具级。

目前，马斯克公开了第一代脑机接口，可以通过计算机读取一头猪的行为信号。如果脑机接口能连接上你的感官神经，不用睁开眼，你就可以看到元宇宙的世界，感受到虚拟世界中人物相互触碰的感觉，在虚拟世界中吃美味大餐，还能看到、触摸到虚拟的她，和她一起逛街、吃饭、看电影……再试想一下，你是否想自己重新定义一下自己的外貌呢？

下一步，你甚至可以在元宇宙中结婚生孩子，试管婴儿诞生后直接从脑机接口连接元宇宙，孩子第一眼看到的就是元宇宙中的你，孩子的教育可以在元宇宙中进行，可以通过脑机接口反传输给大脑。这样，你在元宇宙中有自己的家、伴侣和孩子，可以在其中买房、买车、娱乐……

POINT 5 XR=VR+AR+MR

XR包含虚拟现实（VR）、增强现实（AR）、混合现实（MR）等一系列沉浸式技术。

XR即扩展现实（Extended Reality），是指通过信息技术和相应设备形成虚实相结合、人机可交互的环境。XR是随着计算机与仿真技术的深入发展而产生的，沉浸式技术是其发展基石。XR包含了虚拟现实（VR）、增强现实（AR）、混合现实（MR）及其技术，可以简单理解为一个公式：XR=VR+AR+MR。

VR是虚拟现实技术（Virtual Reality），利用计算设备模拟产生一个三维的虚拟世界，提供用户关于视觉、听觉等感官的模拟，有十足的"沉浸感"与"临场感"。你看到的所有东西都是计算机生成的，都是假的。典型的输出设备就是Oculus Rift、HTC Vive等等。

AR是增强现实技术（Augmented Reality），"现实"就在这里，但是它被叠加映射上去的虚拟信息增强了。虚拟信息包括图片、视频、声音等。典型的AR系统是在汽车挡风玻璃上投射虚拟图像的车载系统和智能手机系统，典型的AR设备是Google眼镜，它允许你与周围环境交互，通过眼镜上的"微型投影仪"把虚拟图像直接投射到你的视网膜，于

> 沉浸感、交互性和构想性是扩展现实技术的主要特征。

是你看到的就是叠加过虚拟图像的现实世界。

MR 是混合现实技术（Mixed Reality），可以将现实世界数字化，并与虚拟世界融合产生新的可视化环境，环境中同时包含了物理实体与虚拟信息，并且必须是"实时的"。

鲍曼等学者认为，扩展现实技术是社会虚拟化的重要表现，其中沉浸感（Immersion）、交互性（Interaction）和构想性（Imagination）是扩展现实技术的主要特征。

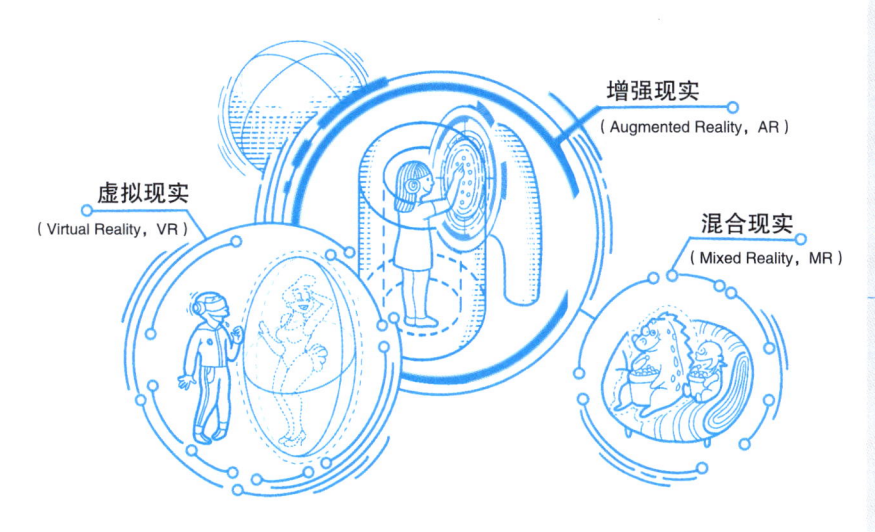

虚拟现实
（Virtual Reality，VR）

增强现实
（Augmented Reality，AR）

混合现实
（Mixed Reality，MR）

POINT 6 电子游戏技术

构建元宇宙所必需的电子游戏技术，主要包括游戏引擎、3D 建模、实时渲染三个部分。

游戏引擎，顾名思义就是用来制作游戏的，我们大众从 PC 到移动端的很多大型游戏就是在游戏引擎中所构建的，常用的游戏引擎是 Epic Games 和 Unity。因游戏引擎可构建虚拟人物这一特点，围绕虚拟人物构建的经济体系便应运而生，柳夜熙、翎 Ling、洛天依、AYAYI、华智冰等虚拟人物的火爆，使得大众得到进一步认识。但凡虚拟人物可以使用的场景，都可以在游戏引擎中制作出来，例如展览、游戏、活动等场景都能通过游戏引擎创作而成。

3D 建模就是利用三维软件制作三维模型。在元宇宙发展道路上，无论是场景搭建、虚拟人物角色的设计还是服装更新、场景变化，都离不开建模。目前的虚拟建模软件主要有 3Ds max、Maya、zbrush 等。最新的建模方式则是拍照建模，通过手机或照相机拍摄物体的多张照片，用算法将照片拼接起来，然后自动对齐照片、生成点云、添加纹理，最终形成模型。这一方式没有美工与仪器的门槛，更适合消费者个人用户操作。也许，拍照建模能使"人人都是元宇宙的造物主"这一理想成真。

> 分布式云渲染可以说是未来元宇宙构建技术的最优解之一。

这也太真了吧!

渲染是指通过软件由模型生成图像的过程,包括几何、视点、纹理、照明和阴影等的处理。这不仅需要强大的技术,更需要巨大的计算量。在电影《变形金刚3》中,钻探兽摧毁摩天大楼这一场景,每帧画面渲染时长288小时,几十秒的镜头需要超过20万小时的渲染,如果用一台机器不停渲染,要工作23年才能完成。元宇宙中人与人之间的交互不仅需要超高清晰度(8k+),同样需要极低时延,以模拟最真实的体验,只能通过分布式云进行复杂计算和实时渲染。分布式云渲染可以说是未来元宇宙构建技术的最优解之一。

POINT 7 综合智能网络

网络及运算技术不仅是指传统意义上的 5G 网络，还包含 AI、边缘计算、分布式计算等在内的综合智能网络技术。此时的网络已是综合能力平台。云化的综合智能网络是元宇宙最底层的基础设施，能提供高速、低延时、高算力、高 AI 的规模化接入。

作为一个大型在线交互平台，元宇宙需要支撑的用户达到上亿量级，其内部需要保持用户数据的实时更新，外部需要实现现宇宙和元宇宙的切换，需要保持系统的低延时以达到两个宇宙时间同步的目的。在现实与虚拟的高度融合下，元宇宙需要不断优化和完善的云计算、边缘计算、5G/6G 网络通信等网络及运算技术。

边缘计算通过将部分处理程序转移至靠近用户的数据收集点进行处理，实现网络的稳定、高速、低延时。通过云化的智能网络技术，元宇宙一方面能够承载更多用户在线，并提供给用户低延时、流畅的使用体验，另一方面能够降低对于用户终端的要求，不断扩大用户规模，加快元宇宙生态建设。

根据腾讯 CEO 马化腾所述，目前从实时通信到音视频等一系列技术已经准备好，计算能力快速提升，推动信息接触、

> 元宇宙需要不断优化和完善的网络及运算技术。

人机交互的模式发生更加丰富的变化，VR等新技术、新硬件和新软件在不同场景下的推动，即将迎来下一波全真互联网的升级。

高速　低延时　高算力　高 AI

POINT 8 人工智能

目前来看，人工智能（AI）在元宇宙中的应用主要有以下几个方面：

一、用户处于元宇宙的中心，分身设计精度将决定你和其他用户的体验。AI 引擎可以分析 2D 用户图像或 3D 扫描，得出高度逼真的模拟再现，还可以绘制各种表情、发型、衰老等特征，使分身更具活力。

二、NPC 虚拟人没有身份，不是用户的复制品，而是支持 AI 的非玩家角色，可以对用户做出反应。从游戏到自动化助手，它的应用层出不穷。它可以完全使用 AI 技术构建，对元宇宙的景观至关重要。

> 如果没有 AI，将很难创造出真实且可扩展的元宇宙体验。

三、NPC 虚拟人使用 AI 的主要方式之一是语言处理，比如分解英语等自然语言，将其转换为机器可读的格式，执行分析，得出响应，将结果转换为用户使用的语言并发送给他，整个过程不到一秒钟。

四、当向 AI 引擎输入历史数据时，它会从以前的输出中学习，并尝试提出自己的数据。随着新的输入、人工反馈以及机器学习的强化，AI 的输出每次都会变得更好。最终，AI 将能够执行任务并提供几乎与人类一样好的输出。这一突破将有助于推动元宇宙的可扩展性——在没有人类干预的情况下为元宇宙增砖添瓦。

五、AI 还可以辅助人机交互（HCI）。戴上一个支持 AI 的虚拟现实（VR）耳机时，它能读取并预测你的电子和肌肉模式，从而准确地预知你想在元宇宙中如何移动。它还可以帮助实现语音导航，你无须使用手动控制器即可与虚拟对象进行交互。AI 还能帮助在虚拟现实中重建真实的触觉。

可以说，如果没有 AI，将很难创造出真实且可扩展的元宇宙体验。

POINT 9 物联网技术

物联网技术既承担了物理世界数字化的前端采集与处理职能,也承担了虚实共生的元宇宙虚拟世界去渗透乃至管理物理世界的职能。只有真正实现万物互联,元宇宙才真正成熟。

物联网技术涵盖感知层、网络层、平台层和应用层四个部分。感知层的主要功能是采集物理世界的数据,是人跟物理世界进行交流的关键桥梁。比如小区的门禁卡,先将用户信息录入中央处理系统,然后用户每次进门的时候直接刷卡就行。网络层的主要功能是传输信息,将感知层获得的数据传送至指定目的地。物联网中的"网"字其实包含了接入网络和互联网两个部分。互联网打通了人与人之间的信息交互,后来发展出将物连接入网的技术,我们称其为设备接入网,实现人与物或物与物之间的信息交互。平台层向下连接海量设备,支撑数据上报至云端,向上提供云端 API,服务端通过调用云端 API 将指令下发至设备端,实现远程控制。平台层主要包含设备接入、设备管理、安全管理、消息通信、监控运维以及数据应用等。应用层将设备端收集来的数据进行处理,从而给不同的行业提供智能服务,比如物流监控、污染监控、智能交通、智能家居、手机钱包、高速公路不停车

> 只有真正实现万物互联，元宇宙才真正成熟。

收费、智能检索等。

元宇宙本身是应用场景的体现，多设备互连是其根本技术保证。目前，我们用到的手机、计算机、VR 眼镜都是物联网设备。但跨系统互联的技术难题仍未解决，毕竟不可能让每个人用同一品牌设备去连接，尤其元宇宙中的应用场景来自多种设备，且设备之中又牵扯到隐私安全的问题，未来的万物互联道阻且长。

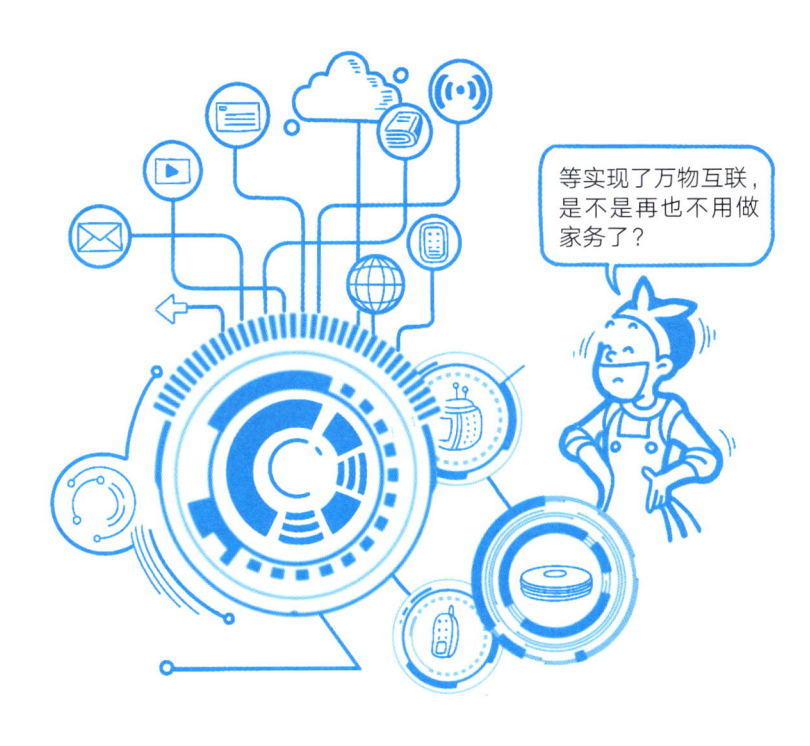

> 等实现了万物互联，是不是再也不用做家务了？

CHAPTER **8**

元宇宙会形成
新的文明吗？

广义地说，文明指由人类脱离野蛮状态的所有社会行为和自然行为构成的集合。数字化社会的不断发展，使得当前人类文明面临着发展的奇点，高度自由且极具想象力的体验，会让新的文明区别于人类漫长历史长河中的任何一个阶段。

POINT 1 我是谁?

为了融入并构建整个元宇宙的文明基础,人们需要依托于虚拟数字人来完成。虚拟数字人的出现,使人们对梅洛—庞蒂的论述又多了一层更形象的理解。虚拟数字人的广义定义是数字化外形的虚拟人物,是由"虚拟"(存在于非物理世界中)、"数字"(由计算机手段创造及使用)、"人"(具有多重人类特征,如外貌、人类表演/交互能力等)构成的综合产物。打破物理界限、提供拟人服务与体验,是其核心价值。

中国人民大学哲学院教授刘晓力指出:"人类正在多极化博弈中经历着从未有过的剧变,一极是物理世界中人类肉身的力量,一极是数字技术虚拟世界的力量,第三极是人类理性和道德的内在力量……今天,我们意识到,人类已经不期然地走进了元宇宙这个虚实混合、虚实不可辨的实在论事件中。"

随着虚拟数字人的出现,在元宇宙时代如何体现"我"的主体性?个体的价值如何呈现?

现宇宙的文化大都倾向于承认有一个区别于生物(自然)肉身的自我,这个自我和肉体不一样,可以不被生物学的规律完全支配。但你的分身进入了元宇宙以后,又要如何处理它和具身的关系呢?这是一种合作关系吗?那时的"我"会是一种什么样的存在呢?哪一个才是真正的我呢?那个遗落

> 人类已经不期然地走进了元宇宙这个虚实混合、虚实不分辨的实在论事件中。

> 大家好！我是元宇宙的虚拟人 AA，我会说所有地球人类的语言。无论你来自哪个国家，我们都可以交谈。

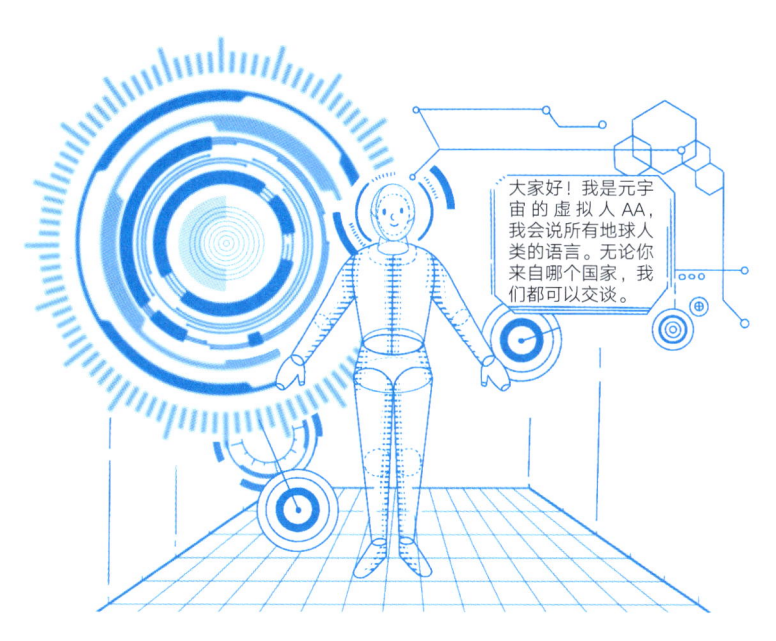

在现宇宙的具身会被分身抛弃吗？我在元宇宙里也许可以所想即所得，但在现宇宙中并不会这样。元宇宙将深刻影响我们对时间、空间、真实、身体、关系、伦理等的认知，从人的内在心理结构，到原来非常熟悉的生活状态，可能全都会发生重大变化。在这个变化中，我们该如何认识自我呢？

从人的情感结构来说，它受到文化模式的影响，文化已经从传统讲故事时代的口语文化，发展到互联网时代的视觉至上主义，到了元宇宙时代，是否会出现新的统一的文化或者情感结构呢？

POINT
2 认知分享

在电影《异次元黑客》中，人类可以通过网络上传与下载人格，并且可以成功与多重数据世界中的平行角色进行人格互换。同时，人格本身在数据世界中的平行角色亦会觉醒。在元宇宙时代，这一情节可能变为现实。

开辟了身体现象学的莫里斯·梅洛-庞蒂认为，人应以身体而非意识的方式来面对世界，"不应该问我们是否能感知一个世界，世界就是我们感知的东西"。一物能带来的认识，亦可用于认识它自身，"我'在我身上'又重新发现了作为全部我思活动的永久界域"。

虚拟世界是由"人"组成的世界，但这里的"人"不是

> 虚拟数字人增进了我们的体验,也可以促进我们同他人分享共同认知。

具体的人,而是以分身——虚拟数字人的形式出现。虚拟数字人的英文"Avatar"原来代表着人们的动画或是个人角色。从某种角度来说,它是人们在现实世界中身份虚拟化的产物,是人们的现实身份在虚拟世界的延伸和映像,它也因此成了人们的第二身份,得以在虚拟世界中完成交互。学者认为,虚拟世界的居民是虚拟数字人,它增进了我们对这个空间的体验,也促进了我们同他人分享关于这个世界的共同认知。

借助虚拟数字人,实体化的人可以参与虚拟世界的活动,比如在虚拟世界中实现走、跑、跳甚至是飞翔等一系列活动,完成对虚拟世界的探索,实现同虚拟世界中环境的互动。不仅如此,人们还可以实现人和机器、人和人的一系列交互。

POINT 3 虚拟社群

虚拟社群最早出现在 20 世纪 90 年代的美国，《雪崩》《神经漫游者》《真名实姓》等赛博朋克文学作品的涌现，使越来越多的人相信，人们在不久的将来就可以借助 VR 眼镜和重力手套，接入一个存在于网上的虚拟社群。在那儿，他们所面对的沟通对象已转变为立体、真实的个人形象，其所有内外细节都会更快、更高效地帮助我们寻找"同类"。

在其中，数字分身让现实中的人拥有了第二身份，人们借助第二身份聚集形成虚拟社群，一切都变得具象化、实体化，而"社区"的概念也会更加清晰。这是一种聚集效应，自由聚集、自由解散乃至重新聚集，努力建构的是一种没有"壳"、没有边界的小区，大的元宇宙包含小的元宇宙，大的元宇宙主要是集成游戏规则，小的元宇宙从虚拟端连接的是现实和个人。虚拟社群规模不断扩大，就形成了符合这个社群的独特形态，进而形成相应的社会系统。社会系统的形成标志着元宇宙中"精神空间"的成熟，这让元宇宙完全带有强烈的人文色彩。

在虚拟文明的形成过程中，人们除了利用数字分身来参与并推动整个文明的形成过程，也需要在现实中对元宇宙的运行规则进行相应的制定。从目前来看，元宇宙要维持自身的正常运行，就必须有自己的运行规则。

社会系统的形成，标志着元宇宙中"精神空间"的成熟。

POINT 4　第二人生

元宇宙的出现和发展，引发了人们对自始以来就存在的一些命题的新思考，这些命题包括肉体和精神、自我和宇宙以及存在和虚无等。在这个过程中，原有的认识不断被突破和改变。体验当超级富豪的感觉、重塑不一样的第二人生，在元宇宙规划的未来都不是梦，真真假假、虚虚实实之间，就看你要不要！

2003 年，菲利普·罗斯代尔创造了游戏版虚拟社群"第二人生"，用户可以在其中打工赚钱、交友恋爱、买房置地，设计自己的住宅，还可以和伙伴一起设计巨大的景观建筑，所有设计、制造出来的内容都可以用于交易，所用货币为"林登币"。2006 年 6 月，美国服装公司（American Apparel）在其中开设了店铺。后来，"第二人生"允许林登币与美元实现双向兑换。2007 年，《商业周刊》的封面文章就报道，一位化名 Anshe Chung 的女性用户在"第二人生"买入土地后改建售出，赚了上百万美元。

"第二人生"的名字是一个隐喻，暗含着人生的另外一种可能性。斯坦福大学虚拟人类交互实验室负责人 Jeremy Bailenson 主要研究在沉浸式 VR 环境中的虚拟角色。他认为，在身体的物理限制和相关行为限制被解除、人们可以在

> 如果有时间与精力，谁不愿意打造一个柏拉图式的农场呢？

虚拟世界中有自己的分身后，他们会改变对教育、健康、同理性等的看法。"第二人生"是超越了物理界限的社交天堂，无论身处何处、是怎么样的状况，每个人都能从虚拟世界中获得真实世界的价值。它们还会向用户提供更多对自身和环境的控制，丰富在线社交互动的种类。

比如，在每个人都不喜欢被社会套上枷锁的当下，谁没有一个柏拉图式的农场主梦呢？如果有时间与精力，谁不愿意打造一个柏拉图式的农场呢？Plato Farm 社区就是基于此，帮助现宇宙中的所有人实现梦想，在短时间内打造了一个以农场为主题、面向 Web3 的元宇宙生态。

> 我玩过一款叫《第二人生》的游戏。

> 它是一个早期的元宇宙，它的成败给今天的元宇宙带来了很多经验。

POINT 5 虚拟文明

广义地说，文明指由人类脱离野蛮状态的所有社会行为和自然行为构成的集合。数字化社会的不断发展，使得当前人类文明面临着发展的奇点，高度自由且极具想象力的体验，会让新的文明区别于人类漫长历史长河中的任何一个阶段。

元宇宙不仅融合了区块链、AR、5G、大数据、AI等新技术，更开始形成数字创造、数字资产、数字市场、数字货币、数字消费的新模式。同时，它也使得人类社会本有的一些边界开始模糊，比如有限和无限、秩序与自由、经济与管制等。

人们借助数字分身形成的第二身份，可以将现实活动映射进元宇宙，从而可以塑造起元宇宙中的虚拟文明。元宇宙虚拟文明的演进过程，同现实中的文明演进过程极为类似，只是由于信息技术的高度发达，其形成过程更短。

人类文明进步的价值在于知识的探索与实践。通过第二身份，人们使用数字分身对元宇宙进行"社会性"建设。这种原始的"社会性"通过创造者的不断更新以及再创作，可以演变成为"文化性"，甚至是"文明性"，一步一步地塑造出元宇宙中的虚拟文明。这种虚拟文明区别于现实，但又是现实中人类社会文明的延伸和附属。它服务于现实社会文明，

> "社会性"通过创造者的不断更新以及再创作,可以演变成"文化性"甚至是"文明性"。

与现实文明相互交融。因此,构建起整个元宇宙中的社会运转规则成了元宇宙的文明基础。

元宇宙是为未来而构建的,具有"召唤神龙"的巨大力量,但这种前景无论多么奇妙,都应该使人类文明拥有更大的发展空间,而不是相反甚至没有未来。

POINT 6 两种 模式

朱嘉明教授在题为"元宇宙：人类大转型时代下的革命性选择"的演讲中，梳理了人类世界的发展模式。

他认为："在日益强大的系统、日益综合的技术、日益量化的社会背景下，我们越发不知道这个世界真正的坐标系在哪里，如果任其发展下去，我们面对的是失序、分裂、崩溃，于是产生了两个模式，一个是'马斯克模式'，我定义为'星际资本主义模式'——地球不行了，我们需要想办法到外星去，肉身去不了，也让人的信息、基因过去；另一个就是'元宇宙模式'——构建虚拟现实世界。'马斯克模式'依赖于资本，依赖于传统的企业力量，需要用资本 + 技术 + 公司完成一次人类历史上的迁徙和转型；元宇宙是 DAO（去中心化）模式，地球和人类无法承受试错成本和后果，在现宇宙中无法解决的问题，需要到一个新的世界去试验，元宇宙是一个革命性的解决方案和方法。"

若想构建起完整的元宇宙，除了需要具备相应的技术之外，更需要人们拥有对虚拟世界强大的组织能力。2021 年 12 月，巴比伦蜜蜂网发布了对马斯克的采访，马斯克说了一句非常有趣的话：如果要置身于元宇宙，首先要解决晕车问题。他用现宇宙的物理空间来评判元宇宙，并不是出于什么神经科学的研究，更多的是由自身的利益和立场所决定的。

> 元宇宙是一个革命性的解决方案和方法。

> 在现实世界中无法解决的问题,需要到一个新的世界去试验,元宇宙是一个革命性的解决方案和方法。

一本书读懂元宇宙

8 元宇宙会形成新的文明吗?

CHAPTER **9**

元宇宙将如何
改变现宇宙?

在元宇宙之前，人类生活在"双重故事"之中，始终在物质和精神、现实与虚拟之间划有一条界线，并且认为后者是附属于前者而存在的。然而，在元宇宙时代，人的整个身体都被作为幻觉节点来使用，完全可以反过来把现实生活看作是异化的、无意义的，而把虚拟出来的生活当成真实的生命经验。

POINT 1 虚实融合

元宇宙不只是要建构一个平行的虚拟空间，还要形成一个无限的、由相互连接的虚拟社区组成的世界，在这里，人们可以通过使用 VR 耳机、AR 眼镜、智能手机 App 或其他设备来交流、工作和娱乐，反过来又改变了现宇宙的状态，这是一种融合。新兴技术分析师维多利亚·佩特罗克表示，元宇宙还将融入生活的其他方面，比如购物和社交媒体，而且这是连接性的下一个进化，这些东西开始在一个无缝的、二重身的宇宙中融合在一起，所以你的虚拟生活和你的现实生活其实没什么两样。

比如说，十年之后，当你经过一家餐馆时，在你注目的那一瞬间，菜单就跳到你眼前；如果你朋友曾经推荐过一家餐厅，它也会跃然出现在眼前。这样的世界不是更加便捷和有趣吗？

关于元宇宙与现实的关系，可以用佛教经典中所说的因陀罗网来比拟。《华严经》中提到，因陀罗网由无数种珠宝编织而成，每一件珠宝都有无数个面，它映射出网中的其他珠宝且被其他珠宝所映射。唐代的法藏大师为了让武则天和大臣们领略因陀罗网的境界，准备了十面大镜子，安放于八方上下，镜面相对，各距一丈，中间安放一尊以灯火照着的佛

> 元宇宙将跨越物理世界和虚拟世界,把线上线下通过"连点成线、连线成面"的方式融合起来。

> 每个人都可以根据自己的需求,在元宇宙中进行创造,每个用户同时也是开拓建设者。

> 我也可以吗?太棒了!

像。于是,每面镜子中都重重叠叠地现出佛像和其他镜子映现出的佛像的样子,让人一下就明白了这一佛教理论。

同样,元宇宙将跨越物理世界和虚拟世界,把线上与线下通过"连点成线、连线成面"的方式融合起来,将现实社会的各方面整合进来,使双方交叉映射且融合在一起。

POINT **2** 人群
分裂

在元宇宙之前，人类生活在"双重故事"之中，始终在物质和精神、现实与虚拟之间划有一条界线，并且认为后者是附属于前者而存在的。然而，在元宇宙时代，人的整个身体都被作为幻觉节点来使用，完全可以反过来把现实生活看作是异化的、无意义的，而把虚拟出来的生活当成真实的生命经验。

在小说《雪崩》中，现实中的穷人阿弘在虚拟街区里拥有了豪宅。如果是在过去，这很容易被理解为空想和逃避，而在今天，元宇宙中的豪奢却可以倒过来使现实中的困窘感消失得一干二净。

一个可能的前景是，在元宇宙中，人群仍然是分裂的，元宇宙注定要复制现代市场经济及其商品货币关系，以及包括贫富差距扩大在内的大部分缺点。一切仍须付出代价，比如更高清、精美的头像版本，更体面的服装设计以及位置更好的虚拟别墅，从湖光到山色仍然需要花很多钱。也就是说，一切仍必须付费获得，哪怕你很少用，就像今天游戏中的个人装备一样。这种分裂，有可能会比现实物理社会更加明显。

在元宇宙里，富豪还是富豪，草根依然是草根。要改变自己的形象或生活，你必须付钱下载更新或者请人设计。你

> 这种分裂，有可能会比现实物理社会更加明显。

要飞往火星去旅行，火星虚拟航班和火星车等装备也是必需的，而提供这些的人或者公司也会收取一笔不菲的费用；和某个女孩一起去酒吧，你也需要预约。没有钱（不管是什么形式的），在元宇宙就可能仍然在一个"底层世界"里，看别人过着你从来没见过或想到过的豪奢生活。

POINT 3 二元转变

新冠肺炎疫情的爆发，让人们更多地在线交流，加速了大众向虚拟世界的迁徙。元宇宙须具有融合性和开放性，否则就只是一个新的独立的 3D 互联网。元宇宙应当是开源的、开放的，创造者应当实现元宇宙的技术开源与平台开源，并通过制定标准和协议将代码进行模块化，不同用户都可以根据自身的需求在其中进行创新和创造，将自身所拥有的线上资源加入元宇宙并拓展其边界。从这个角度来说，元宇宙的每个用户同时也都是开拓建设者，元宇宙的扩张永远不会暂停或结束，而将以共同创造的方式进行无限的发展。

人类社会一定会全方位地发生变化，开始是经济组织及制度的变化，从而波及社会组织结构和治理模式。人类会面临新的二元转变：一方面，要改造和改善现实社会的生存环境；另一方面，要开始在元宇宙中构造生活、生产和社会交往的模式。人们要开始面对现宇宙和元宇宙的双重身份。

美国斯坦福大学虚拟人机交互实验室创始主任拜伦森在其 2018 年的著作《按需体验》里提到，元宇宙不是让我们远离了现实，而是丰富了我们的生活，并使我们更好地对待他人、环境以及自己。

元宇宙不是让我们远离了现实,而是丰富了我们的生活,使我们更好地对待他人、环境以及自己。

一本书读懂元宇宙

9 元宇宙将如何改变现宇宙?

157

POINT 4 生活场景

元宇宙的未来在于探索其应用场景，这就需要考虑用户的体验，其模式可能是通过体验感增加用户的使用时间，进而提高用户黏性。这些时间（体验）成为元宇宙中各项服务的基础。

元宇宙中人类的交流，是用户通过创建虚拟形象在元宇宙中实现与现实相近的交互体验，但与现实交流相比，它赋予了参与者自由设计交流场景的自由。现代的交流场景理论已经突破了诸如餐厅、咖啡馆、休息室等现实存在的物理地点的空间概念，而从信息获取模式出发，将交流场景理解为和人们交流的信息相匹配的环境氛围。

可以说，现代社会对场景的定义，包含了基于物理空间的硬要素和基于交流者心理与行为的软要素。元宇宙基于移动设备、社交媒体、大数据、传感器和定位系统所提供的技术，可以很方便地为拟交流的用户设计、营造、存储、调用场景。在元宇宙中，用户根据自身独特的行为与心理营造环境氛围的自由度更高，更能依据其主观意志创造和调用一种专属的、具体的、可体验的虚拟场景。

此外，用户的虚拟形象在元宇宙中的所有行为都会被数据化，元宇宙的开发者可以通过长时间的大数据积累，侦测

> 当越来越多用户留下他们的行为轨迹时，元宇宙也可以为他们量身定制场景。

到每一位用户的行为和交流习惯。当越来越多的用户留下他们的行为轨迹时，元宇宙也可以为他们量身定制场景，以提供更好的信息、关系与服务。

当前技术条件仍然是步入元宇宙时代的门槛，未来在通信和算力、交互方式、内容生产、经济系统和标准协议等领域的突破将陆续拉近我们与元宇宙时代的距离。

POINT 5 虚拟办公（1）

元宇宙会为人们提供一个更有效率、更加精彩、更能创新的工作平台，从而实现升级版的数字经济。元宇宙应该是更有利于满足人们的创新创造需求的，而为了提升人们的创造能力，元宇宙应当对人们在其中的创造性活动支付货币报酬。也许有一天，很多人会在元宇宙里上下班，社交主娱乐也在元宇宙，现宇宙就成为安排肉身吃喝拉撒睡的场所，从而彻底改变每天的日程安排。

他们将能够随时随地进入办公室，在一个有"虚拟形象"的 3D 空间开展一天的工作。在此情境下，企业生产、沟通、协作三个维度均有望实现进化：沉浸式的工作体验将带来工作效率及创造力的提升；元宇宙社区中的沟通有望接近现实世界面对面的沟通效果；企业雇佣的员工遍布世界各地，全球化协作促使其组织形态和管理方式变革。

韩国最早也是最大的手机游戏开发推广商 Com2uS 目前拥有约 2500 名员工，该公司于 2022 年初宣布，公司将整体搬入元宇宙，真正建造一个并非游戏的"真实"元宇宙公司大楼。届时，公司所有的人类员工在"元宇宙办公室"都将拥有一个独一无二的工号，员工将无须到真实的实体办公室上班。员工可在世界上任何一个可以上网的地方，每天通过

> 在元宇宙内,员工可进行除人类生理需求之外、在现实物理世界办公室可做的一切活动。

电子设备"到"公司上班,在元宇宙的网络办公室内,各位员工可进行除人类生理需求(吃喝等)之外的,在现实物理世界办公室可做的一切活动。

2020年9月,Facebook宣布推出VR虚拟办公应用Infinite Office,支持用户们创建虚拟办公空间。想象一下:现实中的你还在家中吃着早餐,虚拟形态的你已经坐在了明亮宽敞的虚拟会议室,来自全球各地的同事们以虚拟形象依次落座,文件以第一视角同时出现在所有人眼前,环绕立体的数字声音传入耳朵……

POINT 6 虚拟办公（2）

据微软混合办公白皮书介绍，在远程办公模式下，人们的交互活动更加单一，导致创新的停滞和趋同思维，损害创造力、减弱团队凝聚力，而元宇宙中的"分身"能让彼此感觉处在同一空间内，提高凝聚力，增强疏远关系网的互动频率，这些优势都将显著改善目前远程工作中的痛点。根据META发布的《视频及VR会议比较：沟通行为研究》，在视频会议中，对话回合少，话题转换更为正式，85%的沟通因肢体语言的缺失而受到影响，同时，演讲者较少接收到听众的反馈。而在采用分身的虚拟会议中，肢体语言的使用和频繁的听众反馈能显著提高沟通效果，对话回合明显增多，这

> 在虚拟现实空间中的工作效果比屏幕前的更好,认知能力和工作效率有进一步的提升。

种你来我往的讨论方式更贴近自然情形下的人类交流。另一方面,埃里克等学者在《虚拟记忆宫殿》(Virtual memory palaces)中的研究表明,由于人们的认知和记忆部分依赖于空间感,因此,在虚拟现实空间中的工作效果比屏幕前的更好,认知能力和工作效率也有进一步的提升。

可以想象,"虚拟办公桌"作为高效、便捷、实时的交互载体,将在很长一段时间内成为元宇宙办公场景的核心媒介。不过,它可能只是复制了我们现在做的事情:大家坐在办公室或者会议室里,围着一个数字屏幕进行发言互动。但这只是我们的想象,一切正在快速演变发展,很可能在不久的将来,我们不再需要这种工作方式。

目前,Com2uS 公司正与各行各业的许多大型公司签约,计划在网络上创建一个集休闲、娱乐、经济、金融等为一体的元宇宙生态系统,打造一个类似于人类真实社会的"数字孪生"元宇宙都市。

POINT 7 游戏场景（1）

如今各界对于元宇宙的看法可以分为两类，一是"元宇宙无非就是一群人在大型的虚拟世界游玩，跟目前的 VR/MR 游戏区别不大，并不能解决实际生物需求"，二是"元宇宙为未来奠定了基调，如今的科技发展方向基本朝着元宇宙描绘的世界前进"。无论如何，最接近元宇宙概念落地的无疑还是游戏领域。

游戏是数字化生活的典型场景，其玩家被视为元宇宙的种子用户。作为元宇宙的重要发展阶段，大型游戏正在朝开放自由创作、沉浸式体验、经济系统、虚拟身份及强社交性等方向发展，并具备五个特征。

一、基础的经济系统：游戏中建立了和现实世界相似的经济系统，用户的虚拟权益能得到保障，用户创造的虚拟资产可以在游戏中流通。

二、强虚拟身份认同感：游戏中的虚拟身份具备一致性、代入感强等特点。游戏一般依靠定制化的虚拟形象和形象化的皮肤，以及形象独有的特点让用户产生独特感与代入感。

三、强社交性：大型游戏都内置了社交网络，玩家可以及时交流，既可以用文字沟通，也可以语音或视频交流。

四、开放自由创作：游戏世界包罗万象，这离不开大量

> 游戏是数字化生活的典型场景，其玩家被视为元宇宙的种子用户。

用户的创新创作。如此庞大的内容工程，需要开放式的用户创作为主导。

五、沉浸式体验：游戏作为交互性好、信息丰富、沉浸感强的内容展示方式，将作为元宇宙最主要的内容和内容载体。同时，游戏是 VR 虚拟现实设备等最好的应用场景之一：凭借 VR 技术，游戏能为用户带来感官上的沉浸体验。

POINT 8 游戏场景（2）

对于玩家来说，游戏不再是单纯的娱乐行为，而开始成为现实世界的延展，尤其是越来越多的玩家愿意投入更多的时间参与到虚拟世界里，"游戏＋社交"成为虚拟世界的新场景和新应用。元宇宙上市第一股 Roblox 打造了一整套"UGC 游戏平台＋沉浸社交属性＋独立经济系统"的闭循环世界，能够为玩家提供更好的体验。虽然全球游戏产业收入规模大、玩家多，但也面临着用户增速慢、用户体验改善不足等突出问题，亟须通过虚拟现实技术为用户提供更好的体验，降低使用门槛进一步扩展用户等措施来进行转型。

特别是以区块链为基础的 GameFi 新形态游戏，出现了三大不同特色：一、游戏平台愿意开放给玩家以 NFT 形式转售。这些 NFT 并非纯供收藏，仍具备实用价值，促使玩家交易热络。二、游戏平台鼓励玩家用"边玩边赚"的方式参与游戏；不过，玩家通常也必须花钱购买一些初始角色或虚拟资产，才得以进入。三、通常游戏平台也会发行自己的通证，玩家不但可用此换宝物，也能在许多通证交易所汇兑成比特币或以太坊等加密数字货币，或用来投资等。

从发展实践来看，游戏化金融代表的是许多以往游戏世界里存在的资产，都可以更流通的方式来交易。

沙盒游戏已经具备了元宇宙的雏形。

云游戏是游戏未来的转型方向。

POINT
9 消费
活动

在今日世界，实体经济本身已经产生和积累了太多的问题，很多实体经济和产业正走向衰落，需要元宇宙加以支持和补充。元宇宙和传统实体经济并非是对立关系，而是互补关系，元宇宙对实体经济的积极意义大于对它的冲击。

根据互联网业界的设想，未来在元宇宙中将产生自身的货币，用户的生产工作的价值将以平台统一货币的形式来确认，用户不仅可以使用元宇宙所特有的货币在虚拟平台进行采购和消费，还可以将其兑换成各国现实的法定货币。因此，设立自身的经济系统、成为升级版的数字经济是驱动和保障元宇宙用户创新的引擎。

元宇宙的发展也将带来新的商业模式，许多游戏玩家花费游戏币来购买皮肤，然后通过完成任务，得到更多的虚拟物品，如果部分物品是稀有物品的话，则可以通过二级市场进行交易，那么这二级市场的收益就无可估量。

元宇宙作为数字经济的有机组成部分，是最活跃、最具代表性的部分，也是技术革命的一个新挑战，在未来几年一定会有所突破。

元宇宙能使消费者有更好的体验，如今元宇宙推进了人们的虚拟体验，也让人们在虚拟世界中花费了很多时间，如

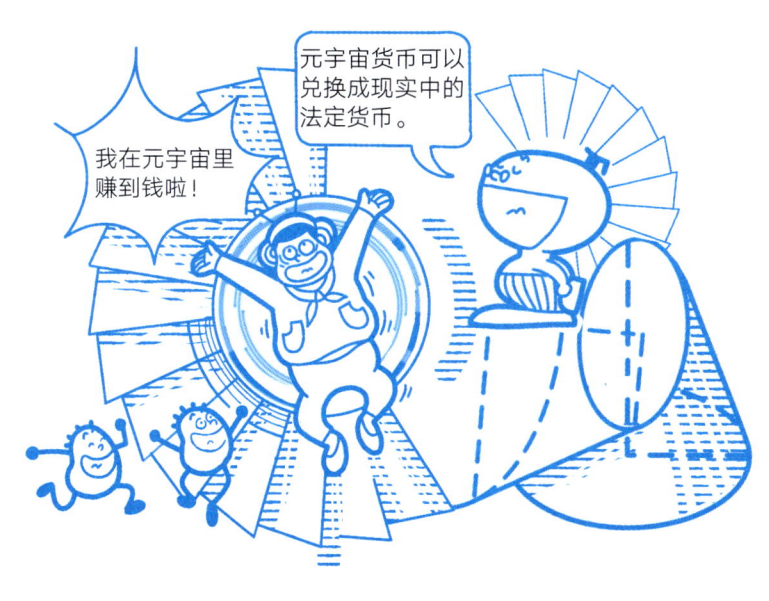

> 元宇宙对实体经济的积极意义大于对它的冲击。

> 我在元宇宙里赚到钱啦!

> 元宇宙货币可以兑换成现实中的法定货币。

在购物中人们可以利用虚拟现实技术来进行评估等。

浙江现代数字金融科技研究院理事长周子衡指出,完美的经济关系在物理环境中是难以实现的,随着技术的进展和普及,人类的经济活动正在从物理环境向数理环境进行迁徙,迁徙的过程中会需要一个数字化的账户,帮助人们进行数字化决策,元宇宙无疑将为未来提供更宏大的想象空间。

CHAPTER **10**

我们距离元宇宙
还有多远？

元宇宙的内容短期将集中于游戏端与艺术端,长期来看,元宇宙的发展路径预计将为"游戏/艺术—工作—生活",未来的发展一般认为会分为三个阶段:数字孪生阶段、数字原生阶段和虚实共生阶段。

POINT 1 发展阶段

中国科技大学、香港科技大学、韩国科学技术院、英国伦敦大学学院、芬兰赫尔辛基大学的合作研究认为，截至目前，元宇宙的发展大致分为五个阶段：文学阶段（1984年及以前）、基于文本的交互游戏阶段（1985—1992年）、虚拟世界与大规模多人玩家在线游戏阶段（1993—2011年）、智能手机与可穿戴设备上的沉浸式虚拟环境阶段（2012—2017年）、元宇宙新时代（2017年至今）。

要达到元宇宙这样的虚拟时空，第一，需要比目前更高水平的场景渲染技术，可以让人在其中通过各种方式来设定长相、家庭、技能水平等，提供一个更加沉浸式场景；第二，需要更好的接口设备，能让我们感知冷热、酸甜苦辣等；第三，需要能捕捉我们的各种动作和表情并实时同步。这需要技术手段的发展成熟，只有当硬件的装备、软件的算法以及传输等增强到一定程度才可实现。

除此之外，元宇宙作为各方面内容的载体，更需要有足够多的人在里边交流，才能形成"宇宙"的概念，足以让我们有以假乱真的体验，同时，足够多的人成为一个社会，意味着要有管理及有效机制的制定，要解决技术、社会、法律等各方面的问题。

> 长期来看，元宇宙的发展路径预计将为"游戏/艺术—工作—生活"。

元宇宙的内容短期将集中于游戏端与艺术端，长期来看，元宇宙的发展路径预计将为"游戏/艺术—工作—生活"，未来的发展一般认为会分为三个阶段：数字孪生阶段、数字原生阶段和虚实共生阶段。

POINT 2

数字孪生（1）

2021年4月，英伟达CEO黄仁勋告诉《时代》杂志，他想创造出"一个相当于我们世界数字双胞胎的虚拟世界"。他说的实际上就是数字孪生世界。

数字孪生就是把我们的现实世界映射到虚拟世界，简而言之就是使现实物理世界和虚拟世界成为双胞胎：一个是存在于现实世界的实体，另一个是存在于虚拟世界中、与现实物理世界对称的数字"克隆体"。"克隆体"可以通过接收来自物理对象的数据而实时演化，从而与物理对象在全生命周周期保持一致，可进行分析、预测、诊断、训练等，即可以

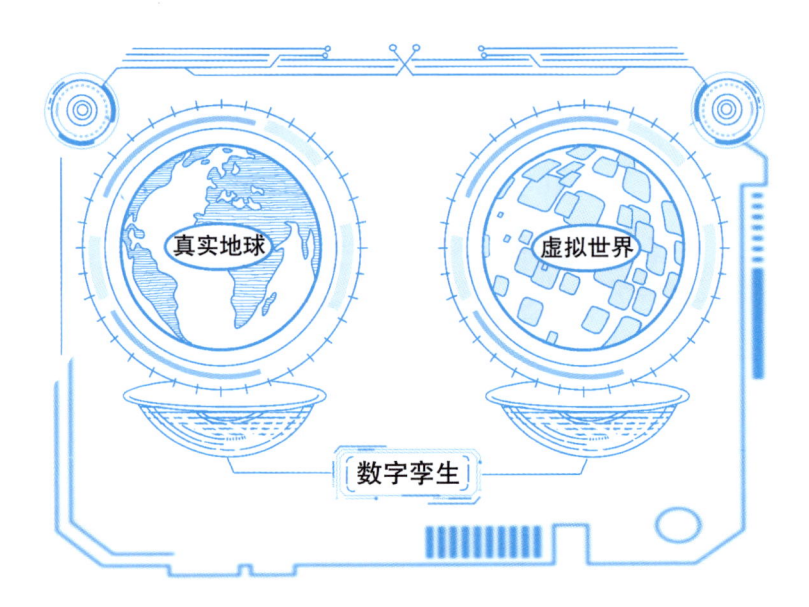

真实地球　　　虚拟世界

数字孪生

> 数字孪生简而言之就是使现实物理世界和虚拟世界成为双胞胎。

仿真,并将仿真结果反馈给物理对象,从而帮助物理对象进行优化和决策。

比如在建筑领域,数字孪生能够将真实世界的建筑物在虚空间进行四维投射,实现建筑物全要素数字化和虚拟化、状态实时化和可视化。早在 2005 年,比尔·盖茨向微软虚拟地球部创始人陶闯博士描绘了一个虚实融合的未来世界。第二年,微软上线虚拟 3D 地球业务,人们可以在线俯瞰多城实景三维城市模型,连广告牌都能高度还原。

网络媒体日益盛行,传播媒体正从零散信息的记载和报道,向信息的系统整合、模拟仿真方向发展。新一代 ICT 技术群的快速发展,使得构建孪生地球成为可能。从区域范围看,可以构建孪生社区、孪生园区、孪生城市、孪生中国及其他国家等;从行业应用看,可以构建孪生文旅、孪生工厂、孪生建筑、孪生电力、孪生城市循环系统等。基于孪生地球,可实现各领域、各行业应用的有效统合,实现虚实共生,实时互动的全局沉浸体验环境,实现更加智能的平行世界。接下来,城市数字孪生体应该会发展为一个自运营、自学习、可预测的系统,以协助处理现实城市的各种复杂问题。

POINT 3 数字孪生（2）

数字孪生是对现实世界物理元素的复制，它首先面向物，强调物理真实性，跟踪或模拟现实世界运作，通过核心技术优化重塑一个更美好的物理世界，致力于优化现实世界的生产效率、用户体验等，它的最终产物是作为现宇宙镜像的"克隆宇宙"。而元宇宙直接面向人，强调视觉沉浸性、展示丰富的想象力。数字孪生不可能成为真正的元宇宙，但却是元宇宙的重要基础和阶段。要构建一个与现宇宙高度贴合同时又超越现宇宙的"元宇宙"，前提是需要大量的数据模拟和强大的算力来1：1创造一个虚拟世界，关键核心点则是数字孪生。

数字孪生技术为元宇宙中的各种虚拟对象提供了丰富的数字孪生体模型，并通过从传感器和其他连接设备收集的实时数据与现实世界中的数字孪生化（物理）对象相关联，使得元宇宙环境中的虚拟对象能够分析和预测其数字孪生化对象的行为。它将使物联网连接对象扩展为实物及虚拟孪生，将实物对象空间与虚拟对象空间相融合，成为虚实混合空间。从某种意义上来说，数字孪生技术将成为元宇宙的核心基础，而数字孪生将是元宇宙的中级形态。

世界知名IT咨询公司Gartner2016—2018年连续三年

> 数字孪生不可能成为真正的元宇宙,但却是元宇宙的重要基础和阶段。

将数字孪生列为十大战略科技发展趋势,2019 年则认为数字孪生处于期望膨胀期顶峰,将在未来 5 年产生破坏性创新。由德勤发布的《2020 技术趋势报告》称,数字孪生市场将从 2019 年的 38 亿美元增至 2025 年的 358 亿美元,年复合增长率为 38%。

> 爸爸,这栋房子跟我们家房子一模一样呢!

> 这就是我们家房子在元宇宙中的孪生建筑啊!

POINT 4　数字 **原生**

创作者本身已经在数字世界里，生产了某一个产品，这个产品叫作数字原生，核心是知识从海量数据关联中产生。举个例子，在现宇宙中有一个深圳，在网络里有一个虚拟深圳，这是数字孪生。而在现实世界里，深圳没有一家叫"夜航船图书馆"的地方，在虚拟深圳里原来也没有。我在虚拟深圳开了一个"夜航船图书馆"，这个图书馆就是在数字世界里生产出来的一个数字产品，这就称为数字原生。

埃莱娜·费兰特说过一句话：书写完之后，就不再需要作者了。的确，一本书一旦数字化之后，信息的生产、传输、内容分发与口碑舆论的形成等都在数字世界发生，因此就出现了"一千个人眼里有一千个哈姆雷特"，而真正的哈姆雷特到底是什么，反而需要从海量数据的关联中去生产了。

相比较而言，数据孪生是我们试图用已有的认知和知识结构，去解决虚拟数字世界里的问题，用我们的知识白盒构建一个模型，做高性能计算去推理。而数字原生是生产人类认知之外的新知识。就像 AlphaGo 从黑白落子的行为数据中，面向答案（输赢）学习中间不确定性的过程，生产出新的知识。

数字原生是生产人类认知之外的新知识。

数字原生和数字孪生的区别是什么?

数字孪生是用我们的已有认知和知识去解决虚拟数字世界里的问题,而数字原生是指这个东西本身就是从虚拟世界里生产出来的。

一本书读懂元宇宙

10 我们距离元宇宙还有多远?

POINT 5 虚实共生

在虚实共生的阶段，人类区分不了哪里是现实世界，哪里是虚拟世界了。如果说数字孪生是元宇宙的中级形态，那么虚实共生将是其高级形态。

在未来，数字孪生技术的应用将进一步深化，现实中的每一个用户都可以在虚拟世界中创建自身的孪生体，进而在不同的元宇宙中自由穿行。从本质来讲，数字孪生是复杂的技术体系，而元宇宙则是极为复杂的技术—社会体系。虽然数字孪生起源于复杂产品研制的工业化，现正逐步向城市化和全球化领域迈进，而元宇宙起源于构建人与人关系的游戏娱乐产业，现正快速从全球化向城市化和工业化迈进，但是二者最后都会统一于虚拟与现实有机融合的"虚实共生"的体系中。未来"虚实共生"的新世界将构建在区块链技术和数字孪生技术之上。区块链技术为元宇宙提供了一个开放、透明、去中心化的协作机制，加上数字孪生技术，就能够彻底打通客观宇宙和数字世界之间的界限，实现二者之间的有机融合。现实中的每一个个体通过真实的自己在现宇宙中学习、工作、投资、创造和消费等，而数字孪生体则在虚拟空间中创造、游戏、体验、交易、投资等。

在元宇宙的"虚实共生"阶段，现实的人类和他们的数

> 现实的人类和他们的数字孪生体，将形成新的社会关系与情感连接。

字孪生体将形成新的社会关系与情感连接，构建起虚实共生的新型"人类社会"。而实体经济与虚拟经济也共同进化为数字经济，成为虚实共生状态的经济形态。

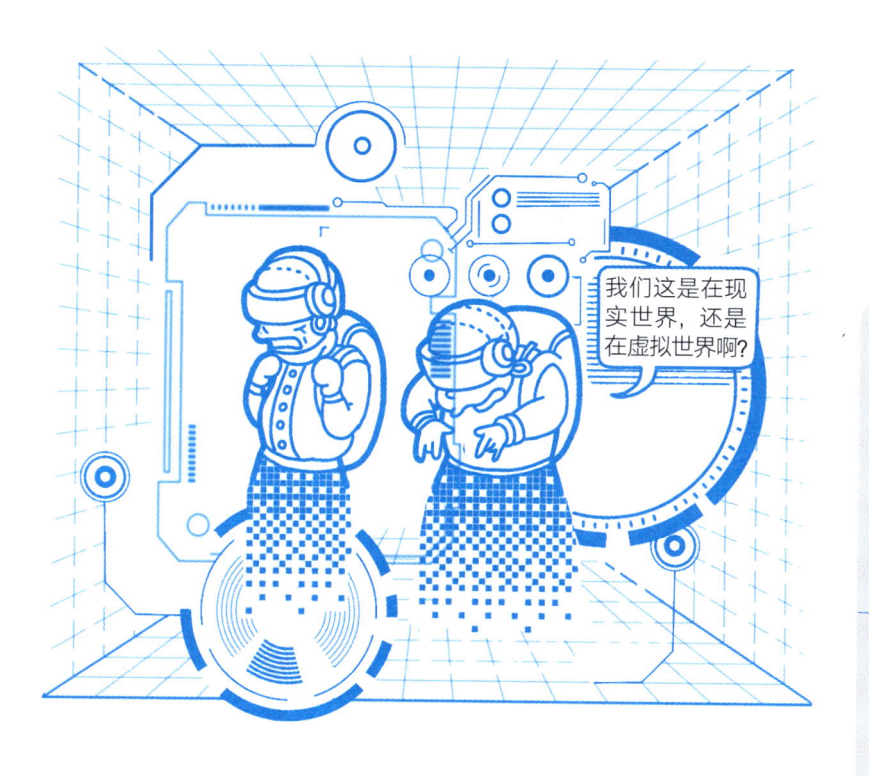

POINT 6 双向促进

元宇宙对促进现宇宙的发展有正面价值，将来一定会出现很多事物，是在元宇宙中创造之后孪生到现宇宙中的。人们在元宇宙中天马行空地进行创造，创造的成果可以反向在现宇宙中落地。元宇宙既可以构建人类生活的虚拟世界，也能将人类引向星辰大海。

人类应该走出去，向外发展，但元宇宙本身也是人类想象力的释放。数字的东西足够强大后，一定会反过来影响物理世界。从数字孪生到数字原生，最后会走向虚实相生。实的东西会影响虚的，虚的东西也会影响现实。例如数字孪生对于工业制造、城市规划等有很大的帮助。元宇宙下的人类行为分析，对于研究社会学、行为学，也是有益处的。

当前在游戏行业中，游戏的开发者、发行者和玩家之间是相互割裂的，一款游戏运营过程中的绝大部分盈利被发行者和开发者拿走，在这个体系中，庞大的并且付出时间最多的玩家群体只是单纯的消费者角色，而且需要指出的是，在现在主流的大多数游戏中，即便是玩家付费购买了虚拟道具，也仅仅是拥有在这个游戏内的使用权和处置权，不能拥有所有权，遑论跨不同游戏的所有权和使用权，这种现状不可谓公平。在未来的元宇宙中，NFT 的加持可以使任何有价值的

> 元宇宙既可以构建人类生活的虚拟世界,也能将人类引向星辰大海。

个体和事物被发现、记录并得到应有的尊重,将游戏虚拟资产的所有权回归给玩家,不论是游戏的开发者还是其他玩家,不经允许都不可能非法获得。这将有助于解决游戏厂商和玩家的互信问题,进而有助于推进游戏行业商业模式的不断进化。

POINT 7 平台聚合

有研究者指出，可以预见元宇宙在未来十年间会出现三个阶段的演进。

未来 5 ~ 8 年，随着技术端的不断发展，我们预计各大互联网巨头公司和一些专注于游戏、社交的头部公司将发展出一系列独立的虚拟平台。

预计到 2030 年前后，泛娱乐沉浸式体验平台已经实现长足发展，元宇宙将基于泛娱乐沉浸式体验平台的基础向更多的体验拓展，我们预计部分消费、教育、会议、工作等行为将转移至虚拟世界，同时随着虚拟世界消费行为的不断升温，并随着数字货币和基于 NFT 的数字信息资产化，经济系统开始建立，随之带动部分虚拟平台之间实现交易、社交等交互。

预计 2030 年以后，各个虚拟平台将作为子宇宙，逐渐形成一套完整的标准协议，实现各子宇宙的聚合并形成真正意义上的元宇宙。这些子宇宙依然保持独立性，只是通过标准协议将交互、经济等接口统一标准化，实现互联互通，元宇宙由此进入千行百业的数字化阶段。到那时，数字和物理这两个曾经泾渭分明的世界会加速融合。正如马克·扎克伯格所说："希望在未来，询问一家公司是否正在建设元宇宙，听起来就像询问这家公司是否应用互联网一样。"

子宇宙依然保持独立性，只是通过标准协议将交互、经济等接口统一标准化，实现互联互通。

等你长大的时候，互联网金融能发展出一系列独立的元宇宙，他们之间将实现互联互通。

POINT 8 入侵现实

有一天,"元宇宙"会融入现实,成为生活的一部分。未来社会将很大程度上基于混合现实(MR)———那时,数字交往同时处于虚拟情境与现实社会情境之中,当它尝试缔造某种数字生态并不断强化、模拟、替代社会生活时,不可避免地要与社会规则相"调谐",就像如今人们已习惯于在互联网冲浪,在游戏中社交。

整体而言,元宇宙是虚拟对现实的完整映像与替代。在元宇宙从无到有的形成过程中,必然伴随着虚拟对现实的逐步入侵。在很多信奉或已经投注于元宇宙的人看来,这个入侵过程甚至在5~10年内就会取得阶段性的胜利。

《雪崩》本身就是一个非常典型的"赛博朋克(Cyberpunk)"故事。"赛博朋克"由cyber(网络)和punk(小混混)两个词组成,Cyber象征着控制,punk象征着反抗。在"赛博朋克"风格的作品中,世界科技发达,巨型城市毫无温度感,大部分人生活环境逼仄,终日忙碌,只追求效率而没有什么自我。《银翼杀手》《人工智能》《攻壳机动队》《阿丽塔》等电影就非常具有"赛博朋克"风格。

虚拟入侵现实,确实正在进行之中。不知不觉间,我们已经不再撰写书信,而是选择轻点电子邮件;我们已经很少

> 虚拟入侵现实,确实正在进行之中。

手捧真正的书报,而是选择在各种平板电脑和智能手机上阅读;我们不需要磁带、CD 和唱盘等"存储介质",就能轻松地下载和欣赏音乐;在日新月异的游戏世界里,庞大的社会组织和复杂的爱恨情仇也正在被悄然复制。此外,在金融领域中,一些虚拟资产的价格甚至早已超越黄金。

POINT 9 脱实入虚

元宇宙所预示的虚拟世界会很快到来吗？我们是不是无法逃脱被虚拟彻底吞噬的命运？过高的用户黏性会把元宇宙变成《黑客帝国》里的那个世界吗？

意识上传人类大脑拥有约850亿个神经元，每个神经元通过轴突和树突与其他神经元相连接。在神经元相连的地方，信号通过神经递质这种化学物质的释放和吸收而传递。

关于人类的心灵，神经科学界已经达成的共识是：人主要的精神活动，如学习、记忆、意识，都是在大脑中发生的纯粹的电化学过程，这一切的运行原理是可被研究的。因此，随着计算机技术和人工智能的发展，机器总有一天可以模拟人的大脑，拥有思考的能力甚至获得意识。此时，将大脑内部的所有信息编码并上传到机器上，便可复制出和现实行为模式完全一样的人，并拥有之前的一切记忆。

人类对信仰、道德、伦理、法律、宗教、家庭、社会等概念的理性认识，构建了基本的"存在"价值体系。当人们在元宇宙中体验到"我思即我在"甚至色空不二，这套体系会不会失去作用而变得毫无意义？人的精神（灵魂）摆脱生老病死的束缚，在机能更强的虚拟空间安营扎寨，会不会是更好的选择？

人的精神摆脱生老病死的束缚，在机能更强的虚拟空间安营扎寨，会不会是更好的选择？

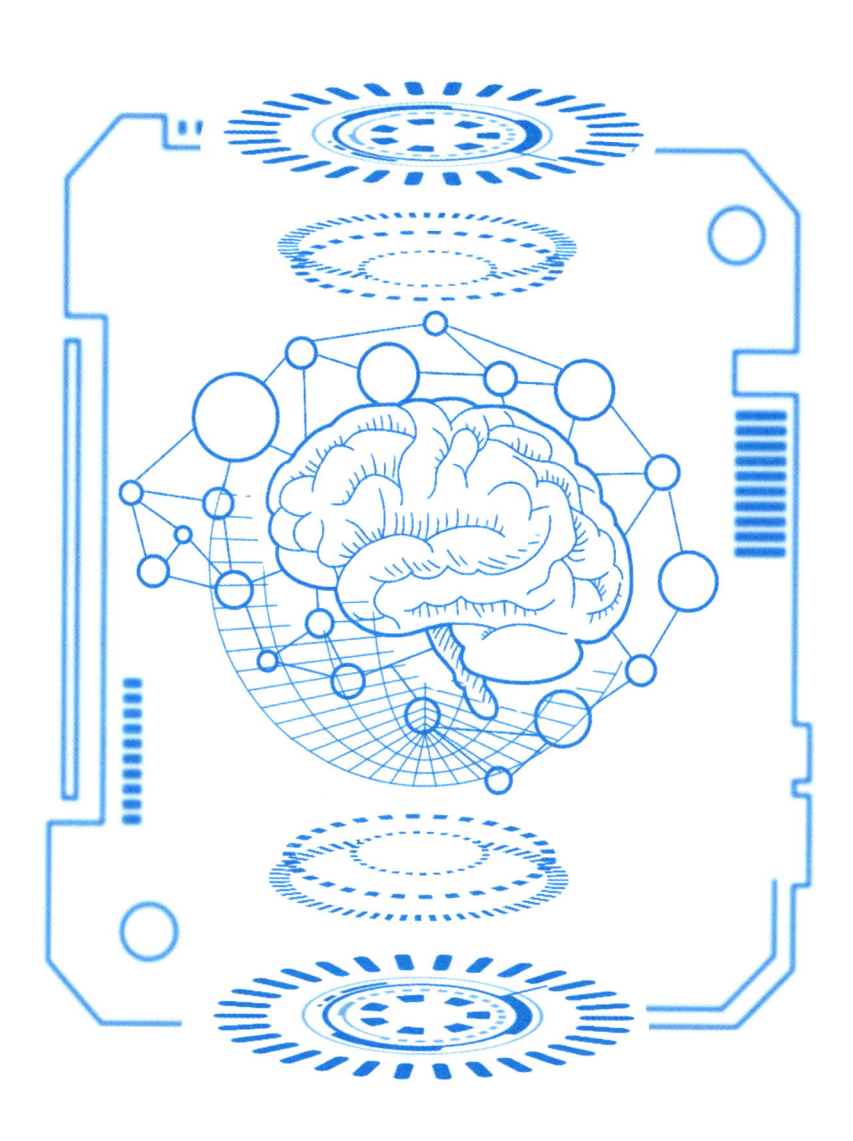

POINT 10 难以完胜

有人认为,科学技术的发展会带来虚拟世界的不断膨胀,但元宇宙的发展并不完全取决于技术水平。即便技术上的限制全部被突破,人类也不会完全进入虚拟状态。

美国著名政治哲学家罗伯特·诺齐克曾提出一个思想实验:假设有一台机器,人们可以在它营造的虚拟世界中享受最大的欢愉和乐趣,而留在现实中就要摸爬滚打,承受失意和痛苦。在他的课堂上,面对机器给予的极大诱惑,学生大多选择了留在现实世界——相较于可以互相替代的元宇宙,无可替代的现宇宙承载了人们更多的期待。

迄今为止,元宇宙发展的大部分成果仍然主要集中在信息的表达和传递领域,但人类文明除了信息还有其他属性。在数字资产的一路狂飙中,有很多把它夸大的投机力量在推波助澜。另外,信息的表达和传播与消费息息相关,消费是为了在有限资源的约束下获得效用最大化。而效用的提升不仅依靠快捷,更依靠多元复杂的因素,包括质量、偏好等。虚拟的消费也因此并不能完全取代现实方式。比如电子阅读和书写再流行,仍然有不少人愿意以纸墨方式读写。你可以说这是旧观念和旧习惯,但这是很难改变的。

《三体》作者刘慈欣就对元宇宙持批判态度,他认为:

> 无可替代的现宇宙承载了人们更多的期待。

- 数字资产的市场存在高风险。
- 在虚拟世界中,洗钱和黑客等犯罪行为会激增!
- 用户数据的保管、用户隐私的维护都存在风险。
- 我还是喜欢以纸墨方式阅读和书写。
- 我猜人类最终也不会选择完全的虚拟状态。

"人类的未来,要么是走向星际文明,要么就是常年沉迷在 VR 的虚拟世界中。如果人类在走向太空文明以前就实现了高度逼真的 VR 世界,这将是一场灾难。"显然,这是马斯克一派的典型看法。

POINT
11 危机感

在西方的主流哲学探讨中,"虚拟世界"始终是被警惕和防范的对象。但历史的车轮不可阻挡,随着 Z 世代(1995—2009 年出生的一代人)在虚拟网络世界中生活的时间越来越长,最前沿的软硬件技术让人们看到了打破虚拟与现实的可能性,通往元宇宙的大门已然隐隐开启。有朝一日,人类会不会彻底由碳基生物蜕变为数字生物,彻底迎来永生?元宇宙从虚拟世界彻底变成了人们所生存的现实世界,生活在元宇宙中的数字人,和现实最核心的交集,是网络、算力和能源。这些基础设施如不能保证,就像地球少了太阳一样,只能瞬间毁灭。

因此,元宇宙中的 NPC 虚拟人想必有着极大的危机感,他们的科技可能会爆发式进步并达到现实世界无法企及的高度,进而他们会以机器人的形式重建物理实体,控制现实世界。目前的碳基人类是否会灭亡,又有谁会关心呢?

除了这种生死存亡的关切,元宇宙还有一些新的风险,最直观的莫过于数字资产的市场风险,以及虚拟世界中洗钱和黑客等犯罪行为的增加。此外,诸如用户数据的保管、用户隐私的维护,都需要有所监管。而监管的力量却只能来自现实层面。

人类会不会彻底由碳基生物蜕变为数字生物，彻底迎来永生？

妈妈，人类的身体在未来会消失吗？我们生活在元宇宙世界，以后是不是再也不会有人类小宝宝了？

一本书读懂元宇宙

10 我们距离元宇宙还有多远？

CHAPTER 11

元宇宙中也有
生产与交易吗？

元宇宙经济同样存在供需两端，需求端需要满足人的体验和精神层面的需求，精神需求是多层次、多维度的，是丰富多彩的。这就需要供应端提供多种多样的数字产品，张开梦想的翅膀、突破想象的极限，实现完美的人机接口，进行元宇宙内部的数字场景开发，满足人们无止境的精神需求。

POINT 1 数字经济

在现实生活中，以物质为原料的产品能满足人们吃饭、穿衣、居住、交通等生活需求，人们以生产、流通、消费为核心内容，围绕生活需求和物质产品而建立起市场、货币、产权、法律等一系列制度和经济秩序，这些构成了传统的社会经济体系。

数字技术的发展带来了越来越多的数字产品，如游戏、短视频、电影等，仅仅在游戏中需要的"道具""皮肤"等产品被制造出来，它们以数字为载体，称为数字产品。数字产品大体可分为三类：一、信息和娱乐产品，如纸上的信息产品、产品信息、图像图形、音频和视频等；二、象征、符号和概念，如航班、音乐会、体育场的订票过程，支票、电子货币、信用卡等；三、过程和服务，如政府服务、信件和传真、电子消费、远程教育和交互式服务、交互式娱乐等。

数字经济是以数据为主要生产要素的经济活动，既包含传统物质产品生产、流通、消费的内容，也包括数字产品的创造、交换、消费的内容。2016年G20杭州峰会发布的《二十国集团数字经济发展与合作倡议》对数字经济作出了定义：以使用数字化的知识和信息作为关键生产要素、以现代信息网络作为重要载体、以信息通信技术的有效使用作为效

> 只要在生产、流通或消费的任一环节利用了数字技术或者数据，都属于数字经济范畴。

率提升和经济结构优化的重要推动力的一系列经济活动。也就是说，无论是物质产品还是非物质产品，只要在生产、流通、消费的任何一个环节利用了数字技术或者数据，都属于数字经济的范畴。

POINT 2 投射促进

元宇宙是一个完整的数字系统,是现宇宙几乎所有的经济单元都可以参与其中的庞大经济结构。无数受制于物理空间限制的新城市、新景观、新产品、新服务,都可以在元宇宙中得以实现。这为备受空间限制的现实经济单元创造了更大的活动领域。

元宇宙经济同样存在供需两端,需求端需要满足人的体验和精神层面的需求,精神需求是多层次、多维度的,是丰富多彩的。这就需要供应端提供多种多样的数字产品,张开梦想的翅膀、突破想象的极限,实现完美的人机接口,进行元宇宙内部的数字场景开发,满足人们无止境的精神需求。

一件T恤衫是物质产品,是典型的传统经济的代表。某款游戏中的"皮肤"是在游戏中被创造也在游戏中被消费的数字产品,如果在现实中的T恤衫印上跟游戏关联的文字或图案,就成为数字产品影响传统经济的一个案例。

元宇宙影响现实经济一般有如下两个方面:首先,人们在元宇宙中的偏好,可以投射到物理世界的产品上。游戏、展览、旅游、设计等行业,都会受到元宇宙的影响,从而形成新的经营模式。偏好来自习得,至于是从现实物理世界还是虚拟世界中习得,并没有本质区别。其次,元宇宙促进了

> 偏好来自习得,至于是从现实物理世界还是虚拟世界中习得,并没有本质区别。

数字产品的有形化。手办、玩具是特别典型的代表。

一些手办、玩具的原型都是电影、电视或游戏中的人物,特别受 M 世代(特指 95 后与 00 后的一代人,从童年时期就接触了各种智能设备)的欢迎。2019 年,上海第一家《火影忍者》主题餐厅开业,《火影忍者》的影迷和游戏玩家纷纷捧场,现场人山人海。

POINT 3 一个子集

同样是数字产品,其生产和消费的场景也大有不同。比如,电影是在物理世界中创造也在物理世界中消费,游戏是在物理世界中创造而在数字世界中消费,游戏中的皮肤则是在数字世界中创造并在数字世界中消费。我们可以把数字产品的创造、交换、消费等所有环节在数字世界中进行的经济活动称为元宇宙经济。

在未来,大众将掌握元宇宙主导权,生产、消费、服务的边界将变模糊。在现宇宙我们只能看花怎么开,草怎么长,在元宇宙却可以体验酒怎么酿,汽车怎么造,甚至一起给元宇宙的建筑画设计草稿。未来,企业可能只需要给用户提供实体产品的生产原料或者虚拟产品的基础代码,由用户进行个性化制作。通过这种人人经济和集体智慧,人们将进一步提升产值。以前人们在一个公司工作,公司是聚集点,未来人们将流动开来,参与到整个生产链,从点到线重新组合。从个体来说,个人通过天赋实现了价值最大化,从组织来说,钱流动起来价值最高,人也是。

我们可以说,传统经济以实物商品为核心,元宇宙经济以数字虚拟商品为核心,数字经济则包含实物商品的数字化过程。因此,元宇宙经济是数字经济的一个子集,是其最活

> 数字产品的创造、交换、消费等所有环节在数字世界中进行的经济活动,称为元宇宙经济。

跃、最具革命性的部分。在美国非常受欢迎的一款游戏《第二人生》中,玩家利用游戏提供的道具、材料创造内容,然后在游戏中完成销售,这就是典型的在数字世界中发生的经济行为,是元宇宙经济学研究的对象。

元宇宙经济摆脱了传统经济的一些天然限制条件,譬如有限的自然资源、复杂的保障秩序的制度、市场建立的巨大成本等。在纯粹的数字世界,可以通过分析数字居民的行为特点,设定简单的规则,从零开始构建经济体系。

POINT

4 数字创造

元宇宙经济有几个基本要素——数字创造、数字资产、数字市场、数字货币。

数字创造是元宇宙经济的开端，没有创造，就没有可供交易的商品。在元宇宙中，人们进行的是"数字创造"，创造的是"数字产品"——数据的集合。我们在游戏里可以建造楼房、创造城市，我们在各种平台上可以发布拍摄和制作的短视频，以及各式各样的图文。这些都是数字化产品。

元宇宙是否繁荣，第一个重要的指标就是数字创造者的数量和活跃度。简单易用的创造工具是必备基础。谁在这个领域做到顶级水平，谁就有可能成为一个新的元宇宙的缔造者。抖音短视频降低了短视频创作的门槛，Roblox 大幅度降低了用户创作游戏的门槛，把 3D 游戏开发简化到只需用鼠标拖拽就能完成。

数字产品的生产方式可以分为 PGC（Professionally Generated Content，专业原创内容）和 UGC（User Generated Content，用户原创内容），随着 AI 技术的成熟，还将出现 AIGC（AI Generated Content，人工智能原创内容）。

PGC 作为数字资产，往往是通过人为设置稀缺性来保证其价值的稳定性。UGC 是用户创造的资产，这种形式的数字

> 在元宇宙中，人们进行的是"数字创造"，创造的是"数字产品"——数据的集合。

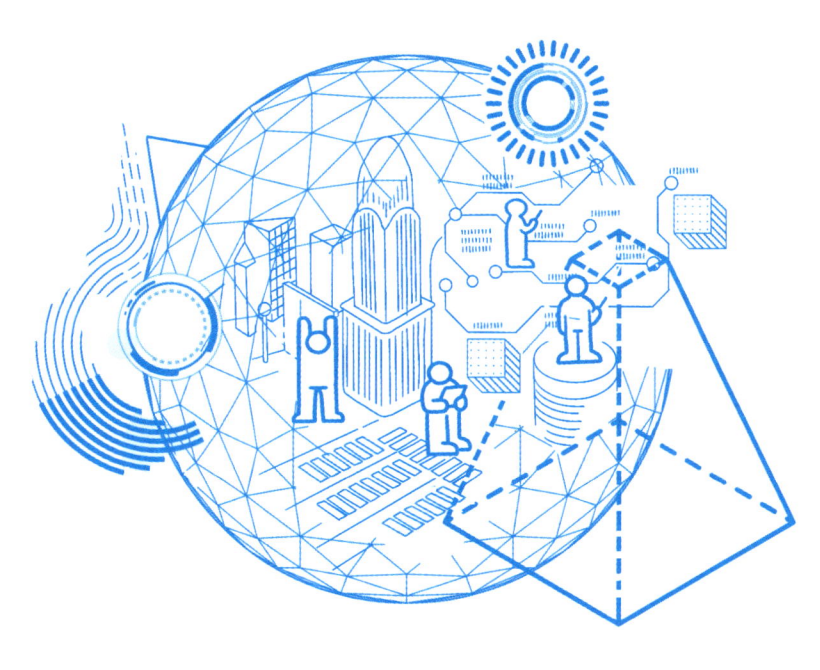

资产在元宇宙中也很常见，例如用户在游戏中为自己创造的，非购买自官方的家园、新武器等。理论上，这些资产可以进入市场进行交易流通。可是这些资产一旦被其他用户复制，其价值就会陷入不稳定的波动。这就需要创建一个针对 UGC 的确权机制，把人们在数字世界里面创造的产品变成一个受保护的资产。

POINT 5 数字资产

元宇宙经济的第二个要素是数字资产。

资产隐含产权属性并且是交易的前提。在现宇宙中，人们确权的方式往往是通过登记，比如买房卖房，需要登记明确房屋的所有权原本属于哪方，转移给了哪方。只有由人们普遍信任的、不会质疑其公正与权威性的机构进行确权，才能避免发生混乱。元宇宙中创造出来的产品要进行销售，也必须解决产权归属的问题，既要能标记是谁创造的，还得避免数字产品被无限复制的版权问题。在开放的、公平的、完全自治的元宇宙中，人们对数字资产的确权与区块链提供的一套价值体系、区块链的加密体系是密不可分的。区块链提供了数据拷贝受限的解决方案，综合利用加密算法、签名算法、共识机制等，确保数据每一次拷贝都被登记在册，确保数据不被非法篡改、拷贝。

这一套完整的机制能够帮助元宇宙的参与者完成对数字产品的确权，建立数字资产。但不同平台的虚拟产品没有通用性，不能构成严格意义上的数字资产。在 Roblox 提供了游戏开发平台后，玩家可以自己开发游戏，在游戏中创造出各式各样的数字产品，只要在 Roblox 的平台上，就可以跨游戏使用。这是一个相当大的突破。

> 区块链完整的机制能够帮助元宇宙的参与者完成对数字产品的确权。

区块链构建了元宇宙中数字资产的经济系统,在所有区块链公司中,数字藏品交易是普遍且重要的应用方向之一。但不同于国外基于以太坊等公链,国内的链中心化程度更高,更像云服务,不存在挖矿机制,因此使用成本低,更适合做海量内容,但中心化的治理并不会改变区块链技术在确权、交易、流通方面的优势。

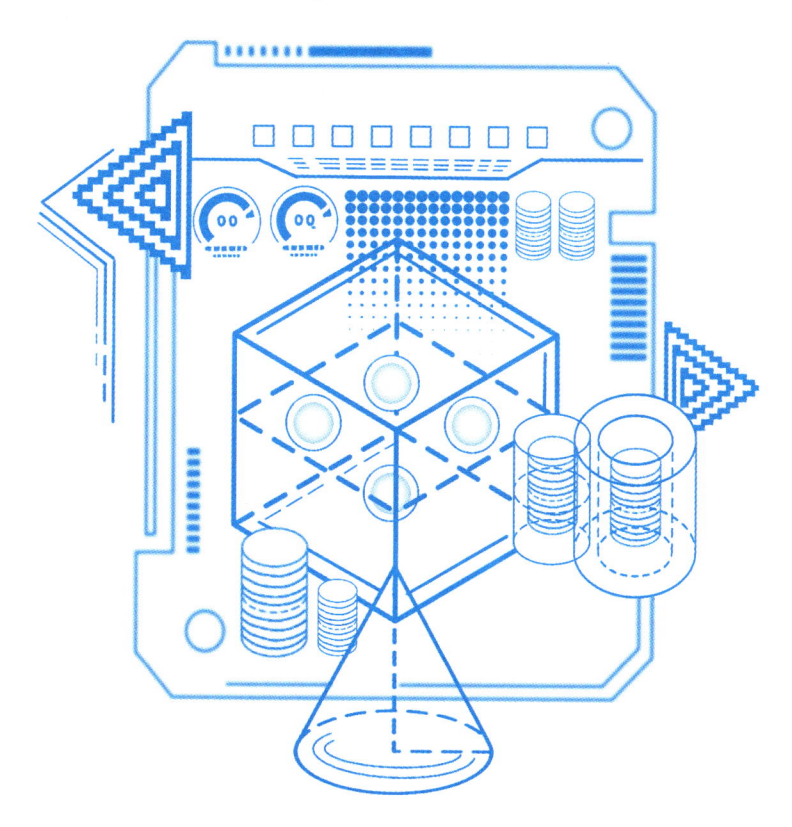

POINT 6 数字**市场**

元宇宙经济的第三个要素是数字市场,它代表着数字世界交易的场所和大家必须遵循的规则。

数字市场是整个数字经济的核心,也是元宇宙得以繁荣的基础设施。有了数字市场,元宇宙中的人就有了盈利的可能。在体验之余还能获得经济上的收入,是元宇宙成长的奥秘。

元宇宙连通现实世界和虚拟世界,是人类数字化生存迁移的载体,可以提升体验和效率,延展人的创造力和更多可

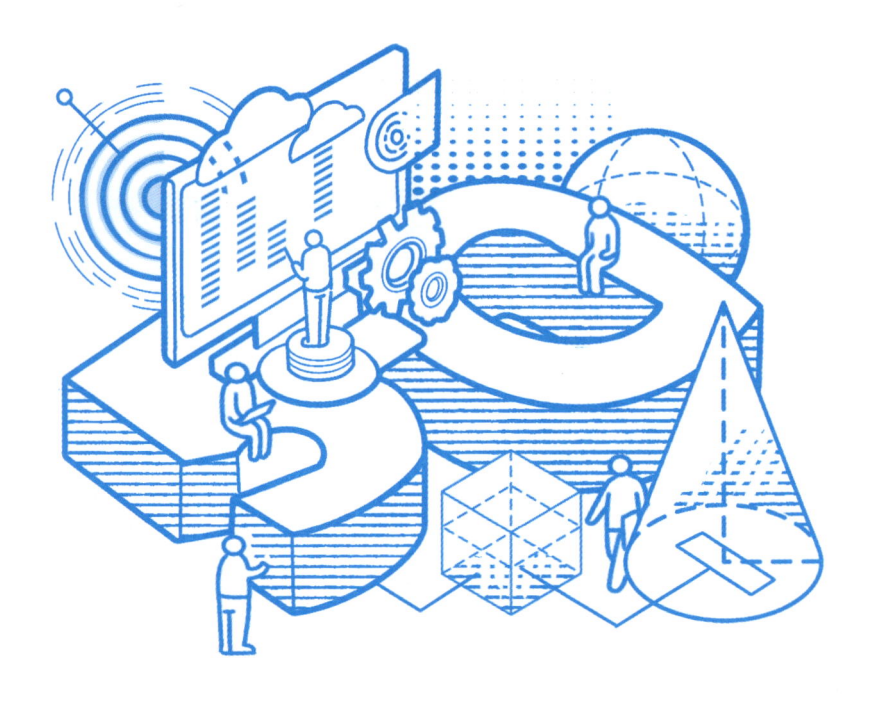

> 在成熟的数字市场，产品的创造过程和实际交易都应该是在元宇宙中完成的。

能。数字世界从物理世界的复刻、模拟，逐渐变为物理世界的延伸和拓展。在元宇宙更加深远地影响人类社会的过程中，元宇宙也将重塑数字经济体系。

数字经济蓬勃发展，带来了几种类型的市场扩张：第一种是进行实物交换的电商市场，这是最为我们所熟知的。第二种市场交换的是创造内容的工具，如手机上的应用商店。在这个市场中只有具备特殊性的、能够创造数字内容的虚拟数字商品，也就是各种 App。第三种市场中发生的交换就纯粹是数字内容的交换了。例如，给某段视频或图文材料进行"打赏"，在游戏中"购入"一栋大楼、一座城镇、一辆汽车或一套"皮肤"等。这一类数字市场的雏形已经形成，例如玩家可以售卖自己购买的"皮肤"和自己"养大"的数字宠物等。但是，这样的交易并不是在元宇宙内部完成的，依赖外部的市场与在游戏内部直接建立的市场进行交易有一定区别。在成熟的元宇宙数字市场，产品的创造过程和实际交易都应该是在元宇宙中完成的。

POINT 7 数字货币

在任何地方买东西都要付钱。元宇宙经济的第四个要素是数字货币（Digital Currency/Electronic Payment，简称DC/EP）。交易虚拟的数字产品，用法币来支付有很多困难，因此元宇宙需要DC/EP。

人类社会在工业时代完成了实物货币（黄金、白银等贵金属货币）向法币的转换，元宇宙没有给法币留下空间，主要原因在于法币体系需要银行的介入，成本高昂，效率太低，已经无法满足元宇宙经济发展的需求了。即使是今天，大大小小的游戏都开发了自己的充值功能，建立了自己的经济系统。不过，几乎没有游戏支持把游戏币再换成法币的，直到Roblox开放了其货币Robux与美元的双向兑换，形成影响巨大的示范。

在现实经济体系中，货币具有价值尺度、流通手段、贮藏手段、支付手段等基本功能。价值尺度功能体现在衡量和标记商品的价格；流通手段等同于交换媒介；贮藏手段是指货币长时间存储起来，依然拥有原来的购买力。法币的这三个功能不可分割，但是DC/EP的应用程度不同，甚至在有些场景中取代了法币的部分功能。DC/EP不但可能是元宇宙经济体系的基础，更是整个数字经济的核心。

> DC/EP 不但可能是元宇宙经济体系的基础，更是整个数字经济的核心。

2022年1月，由中国人民银行发行的数字人民币 e-CNY（试点版）在各大应用商店上架，微信支付也开始支持数字人民币钱包的开通，意味着数字货币开始融入中国百姓的日常生活。

现实社会中用不用 DC/EP 无关紧要，但在元宇宙中则截然不同。元宇宙提供了典型的、大规模的消费级应用场景，这个场景超越国界、不分种族。因此，DC/EP 在元宇宙中的应用有助于构建元宇宙经济体系，同时元宇宙也是 DC/EP 完成使命的根据地。

POINT 8 SWIFT 和 DC/EP

元宇宙作为承载人类虚拟活动的平台，其核心在于承载了虚拟身份与虚拟资产。根植于中心化商业组织的商业基因决定了其天然倾向于垄断。而对抗互联网巨头等中介机构的天然武器，就是去中心化机制。事实上，这也是未来元宇宙治理的一种先声探索：交易不需要银行和 SWIFT 系统。而目前 SWIFT 系统仍然是金融霸权的工具。

SWIFT 是世界银行间金融电信协会的简称，实质是一个信息收发系统，属于支付指令报文体系，提供信息网络进行通讯并交换标准化金融报文。其主要负责在国际结算、清算过程中为成员机构提供信息划转传输服务，扮演的是"渠道"的角色，本身不具备资金拨付、清算功能，并不涉及资金的实际划转。但 SWIFT 背后是稳定的、在国际上广受欢迎的结算货币——美元、欧元，它们是世界上最主要的结算货币和储备货币。

而在未来的元宇宙中，去中心化金融 DeFi 不会因为个人资产多寡，或身份、职业不同而进行分级，所有人都可以平等地参与，而且支持一方直接在线支付给另外一方，无须通过金融机构，恢复了人类历史上最古老的支付方式——一手交钱一手交货，没有中间商赚差价。

> DC/EP 是未来元宇宙治理的一种先声探索：交易不需要银行和 SWIFT 系统。

有意思的是，2018 年 11 月 13 日，SWIFT 与区块链公司 SWFT Blockchain 签署了一项共存协议。SWFT Blockchain 成立于 2017 年，是一种加密货币转账平台和钱包 App，可以实现全球不同货币在不同用户和机构之间的金融交易，目前可以在超过 75 种加密货币之间进行直接转账。这被看作是区块链行业的重要一步，对新旧金融技术共存发展的前景作出了进一步的探索。

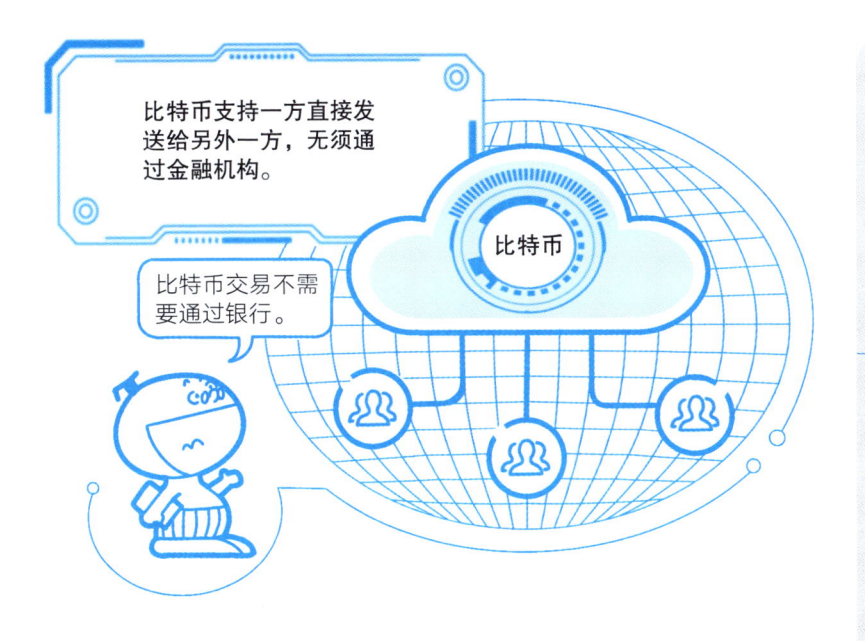

> 比特币支持一方直接发送给另外一方，无须通过金融机构。

> 比特币交易不需要通过银行。

比特币

POINT 9 另一种可能

当各种物品的价值被确定后，元宇宙内的交易就可以开展起来了。当交易的规模扩展到一定程度之后，它就不可能持续地以一种以货易货的形式存在了，基于货币的交易将会成为发展的必然。

在元宇宙中如果有货币，那么它会以数字形态存在，问题的关键是，它能否有效保证价值稳定，能否有效节约交易成本。

一些人认为，在元宇宙当中，以比特币为代表的 DC/EP 可能会扮演货币的角色。尽管交易效率较低，但交易的安全性却可以获得比较好的保证。反过来，如果放弃了直接使用区块链技术，那么交易的效率固然高，但交易的安全性则可能会受到影响。

一种或许更为可取的方式是，在每一个元宇宙内部都开发独立的 DC/EP，它们未必需要和比特币一样建筑于区块链技术之上。为了保证币值的稳定，它们可以采用某些资产锚定，以资产作为储配的方式来发行。这里的资产可以是现实世界当中的货币，也可以是一揽子 DC/EP，选取的标准应当以相对稳定的价值为标准。

有人指出，或许可以引入一种抽检制度，在所有的交易当中按照一定比例抽取部分交易作为检查，一旦发现交易有造假，则给予重罚。

一种或许更为可取的方式是，在每一个元宇宙内部都开发独立的DC/EP。

11 元宇宙中也有生产与交易吗？

POINT

10 递增与递减

在现实世界中，商品的边际效益往往是递减的，也就是说，随着供应数量的增加，单位商品的效益会越来越低。而在元宇宙中，这条法则被打破了。比如在游戏中，玩家越多越有趣，游戏时间越长，获得的激励和快感就越多。如果边际效益递减的法则在数字产品中也有效，就不会有网络和游戏成瘾的现象出现。

元宇宙的构成要素之一是社交系统，存在明显的网络效应：需求的满足程度与网络的规模密切相关。如果网络中只

> 元宇宙的构成要素之一是社交系统，存在明显的网络效应。

有少数用户，不仅运营成本高昂，而且只有数量有限的人在交流信息和经验。随着用户数量的增加，这种不利于规模经济的情况将不断得到改善，所有用户都能从扩大的网络规模中获得更大的价值。此时，网络的价值呈几何级数增长。

在现宇宙中，生产成本曲线呈U形——生产时，随着产量的提升，边际成本越来越低；但当生产线饱和，再去增加产量，就会面临生产成本大幅上升的局面。而在元宇宙时代，边际成本递增的法则被打破了：数字产品的原材料都是二进制的"0""1"代码，没有生产线，没有工人，没有仓储，没有物流，随时可以暂停生产，也随时可以重新投产，它对于新增的消费对象而言是没有新增成本的。也就是说，网络中的"商品"一旦被创造出来，它的主要成本就已经消耗完成，永远有效、不会磨损、不需折旧，再生产的成本几乎为零，继续利用该"商品"的边际成本也几乎为零。

POINT 11 成本趋零

市场的运营成本与交易成本的区别在于，前者是为了维护市场有序、有效运作必须付出的运营、监管等刚性支出，后者是买卖双方在达成交易的过程中所支付的费用。

元宇宙不但将形成新的经济空间和新的产品服务类型，同时由于其高度的自组织性，也将形成对现实经济组织体系的改造和优化。工业时代的经济体系虽然具有集约、高效、批量化的特点，但生产与市场分离导致无效生产和浪费很多，形成经济的周期性震荡现象，也就是周期性的经济危机。

在现实经济体系中，交易成本越低，市场就会越繁荣，市场的边界就越大。交易成本有很多种类，高者可能占合同金额的 20% 甚至更高。而元宇宙可以将人类的生产单元有效地组织起来，参与者可以通过逐渐普及的元宇宙接入端口，实现对虚拟数字设备的操作，并通过数字孪生机制形成对真实设备的远程控制。所有消费者可以在元宇宙中进行同步消费和订制，形成一种横跨所有物理空间的同步生产交易体系。由于元宇宙的信息传递能力远超真实社会，现宇宙中很多高成本的生产和消费环节，在元宇宙中的成本将趋向最小甚至为零。

> 元宇宙将形成对现实经济组织体系的改造和优化。

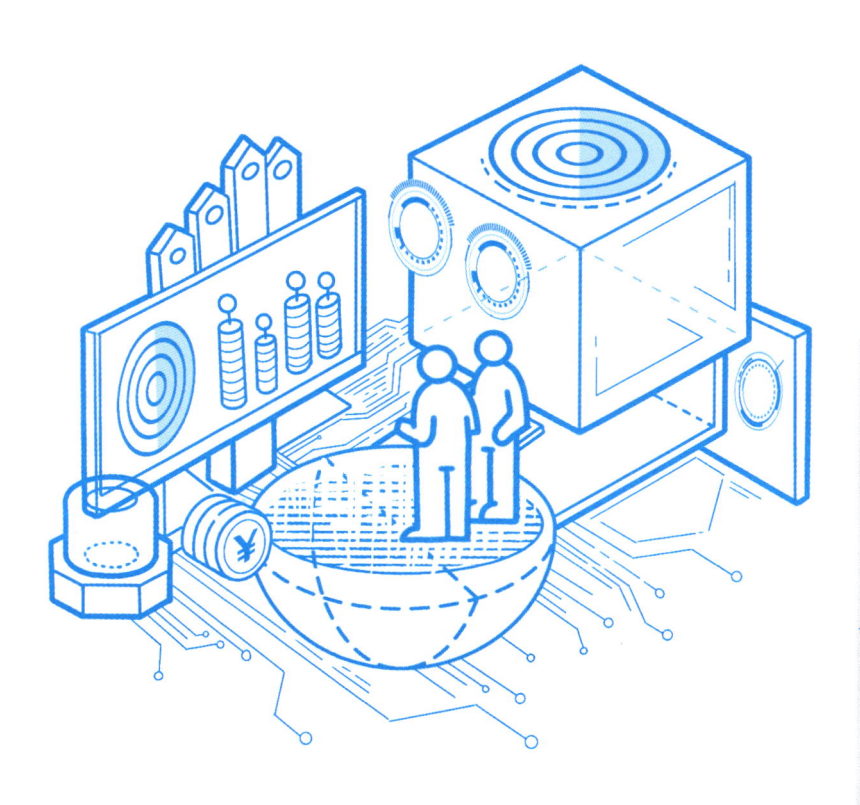

11 元宇宙中也有生产与交易吗？

217

POINT 12 稀缺的构建

所谓稀缺，指人欲望的无限性和现实条件有限性之间的矛盾。元宇宙是一个虚拟世界，里面的万事万物，归根到底就是一串代码，都可以通过编写代码来得到。想要什么，就可以有什么。即使是在真实世界里千金难买的时间，人们也可以通过调整对脑部的刺激来实现。在这样的情况下，稀缺本身可能就不存在了。

那么，在元宇宙当中真的不会有稀缺了吗？当然不是。事实上，即使在元宇宙，稀缺也会存在，而且必须存在。虚拟经济学领域的先驱、美国印第安纳大学教授爱德华·卡斯特罗诺瓦曾经对数字条件下稀缺性存在的必然性给出过一个解释。他认为，稀缺性的存在，其实是人们为了提升在虚拟世界中的体验而作出的一种人为设定。从人性上看，我们每个人都喜欢拥有自己的个性，而拥有差异化的物品，就是个性在外界的一种投射。试想，如果所有的人都吃一样的东西、穿一样的衣服、住一样的房子，那么这个世界将是多么无趣啊。正是由于这个原因，即使从技术上人们完全可以在虚拟世界中获得任何自己想要的东西，他们也必须人为地制造出差异化和稀缺来。

在类似元宇宙这样一个虚拟世界，稀缺并非像真实世界

> 即使在元宇宙,稀缺也会存在,而且必须存在。

那样,源自物理规律的限制,而是来自人们的建构。NFT 本质就是可以在元宇宙内创造出差异化、创造出稀缺性。在元宇宙中,人们完全可以对数码造物实现无限的复制,稀缺本来可以不存在,但借助 NFT 技术,每一个物品都会被打上独有的标签,或者赋予特殊的含义,从而成为独一无二的东西。这样一来,稀缺就被制造了出来。

> 我的 NFT 作品在元宇宙中可以无限复制出售吗?

> NFT 的本质就是在元宇宙内创造出差异化、创造出稀缺性,因此 NFT 作品一般都是限量出售。

POINT
13 价格的 确定

和现实中一样，人们在元宇宙中通过不断地交互，可以逐步摸索出各种物品的相对价值。类似的实践已经在不少大型网络游戏中看到了。在有元宇宙概念的游戏当中，由于一般都引入了通证体系，所以这种价值的自发演化就会变得更快。在游戏中，一件物品值多少个通证，可以和其他什么物品进行交换，都在自发演化当中被安排得明明白白。未来更大规模的元宇宙实践当然也可以实现类似的过程。

在元宇宙的经济系统发展之初，已经是一个前定存在的现实世界，对元宇宙的影响可能会成为元宇宙价值决定的一个重要影响因素。

事实上，现在元宇宙当中的很多资产都是通过直接拍卖来进行初次配置的。比如，在《Axie Infinity》《Decentraland》《Sandbox》等有元宇宙概念的游戏当中，都有土地拍卖的概念。参与其中的玩家可以像参与真实世界的土地拍卖一样，购买虚拟世界的地产，而荷式拍卖则是实现这种交易的最重要手段。从交易的结果来看，这些虚拟土地通常都价格不菲。2021年6月，《Axie Infinity》的9块虚拟土地以888.25以太坊（ETH）的高价出售，根据以太坊当时的价格，这批虚拟土地的成交价格约为150万美元。2021年7月，

> 根据每种物品与现实之间的价值比值，它在元宇宙内部的交换价值也就可以确定了。

《Sandbox》上面积超过 530 万 "平方米"（这里的一平方米指的是一个 24×24 的点阵）的虚拟土地以近 88 万美元的价格出售。

很显然，通过上述的拍卖，元宇宙中物品的价值就可以很容易地与现实世界建立一定的锚定。根据每种物品与现实世界之间的价值比值，它们在元宇宙内部的交换价值也就可以确定了。

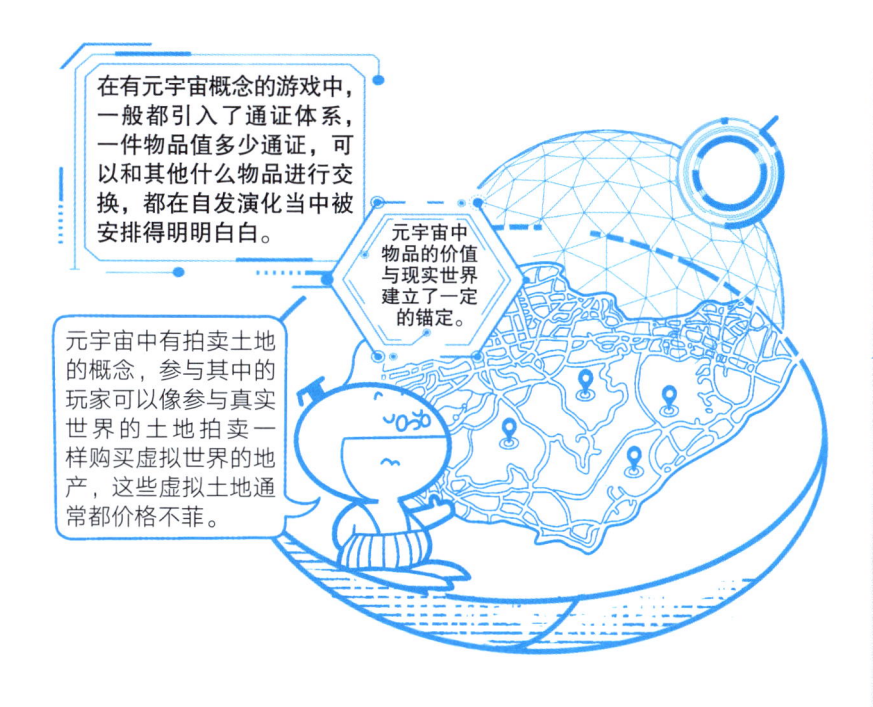

在有元宇宙概念的游戏中，一般都引入了通证体系，一件物品值多少通证，可以和其他什么物品进行交换，都在自发演化当中被安排得明明白白。

元宇宙中物品的价值与现实世界建立了一定的锚定。

元宇宙中有拍卖土地的概念，参与其中的玩家可以像参与真实世界的土地拍卖一样购买虚拟世界的地产，这些虚拟土地通常都价格不菲。

POINT 14 边玩边赚

在元宇宙中，有哪些重要的生产要素呢？研究者认为，比较关键的可能有两样，一是劳动，二是算力。

与元宇宙相关的劳动可以分为很多种：第一种是在元宇宙经济体系内的劳动。作为一个虚拟空间，元宇宙的价值在很大程度上取决于人们的体验，这就需要安排一些专门和人交互的 NPC。当然，这种 NPC 由谁来当就是一个选择。一个方案是专门找一些人来扮演 NPC，那么 NPC 和人的交互活动就形成了一种劳动，这样的劳动需要得到报偿。

第二种是支撑元宇宙的劳动。如前所述，元宇宙要运转好，需要很多相应的技术支撑。这些劳动尽管不发生在元宇宙内部，但对元宇宙的发展却是必不可少的。

第三种是发生在元宇宙内部的劳动。例如，真实世界的打工人转战元宇宙，这些活动发生在元宇宙内部，但依然是真实世界劳动的延伸。

对于以上三种劳动，第一种毫无疑问应该用元宇宙内部的通证来激励。事实上，在《Axie Infinity》等具有元宇宙概念的游戏中，已经提出了"边玩边赚"的概念。第二、第三种劳动严格来说都是元宇宙之外的，因而他们的报酬可以通过真实世界的货币，也可以通过通证来结算。

> 在《Axie Infinity》等具有元宇宙概念的游戏中，已经提出了"边玩边赚"的概念。

至于元宇宙发展所需要的算力，则可以通过仿照比特币网络的做法，以工作量来分配一定的通证作为回报。

与元宇宙相关的劳动

① NPC 和人的交互活动

② 支撑元宇宙的劳动

③ 元宇宙内部的劳动

POINT 15 生产与消费

市场通过数字化进程的理想情形是：企业能够整体地洞察需求端，因此，企业能够匹配到每个人的需求，将资源匹配到市场上，从而更有针对性地按需生产。

在元宇宙中，流通环节数字化，中间环节都不存在，也不存在任何一个环节信息不畅的问题，提高了效率。生产和消费是统一的。

在元宇宙里，每个人都是行走的广告，是身上所有产品的代言人，这将直接颠覆目前大热的直播卖货模式，因为我们面前满是各种类型个性化产品的模特。我们丝毫不用担心商家用 NPC 刷好评，因为只有现实世界的人才有数字身份和 ID。

至于信用，在未来的元宇宙中，参与者自己是数字化的，信用就是数字化行为的总和。一切行为都是被记录的，都是可以被追溯的，任何行为都将直接与行为人的信用挂钩，因此行为就构成了信用。

在元宇宙中，一切规则都是由软件来定义的，交易的逻辑、安全性、行为步骤都必须经过技术手段的确认，过去的第三方监管被自组织、自管理、自监管取代。例如，区块链技术中的智能合约、代码设计成为各参与主体共同确认的形

> 每个人都是行走的广告，是身上所有产品的代言人。

在元宇宙里，每个人都是行走的广告，是身上所有产品的代言人，这将直接颠覆目前大热的直播卖货模式，因为我们面前满是各种类型个性化产品的模特。

品牌A
品牌B
品牌C
品牌D
品牌E

式，任何人在设定的节点之外根本无法篡改，一切行为都是被设定好的，只能被完整执行。在这种共识机制下，行为人如果要进行交易，就必须根据软件定义的规则行动。交易必须符合软件定义的信用，"强制"性地让参与各方的信用得到保障，使行为与信用得到统一。

CHAPTER **12**

代码即
法律吗？

人性恶的成本在元宇宙中被无限降低。在元宇宙的世界中，你不知道对面是什么人，不知道对方有什么目的，你也不知道自己在对方眼里是什么样的角色。尤其是在创世者的放纵和不作为中，本身可能拥有美好梦幻设定的纯净世界，很可能会被污染成新的犯罪温床。

POINT 1 走向反面

谷歌成立后，公司创始人之一阿米特·帕特尔和一些员工担心，当商业人士加盟技术驱动的谷歌之后，他们未来可能出于客户的要求不得不更改搜索结果排名，或者在一些他们不愿意开发的产品上付出精力。1999 年，谷歌发布了"完美的搜索引擎，不作恶"的企业宗旨。谷歌创始人在一封公开信中说："不要作恶。我们坚信，作为一个为世界做好事的公司，从长远来看，我们会得到更好的回馈——即使我们放弃一些短期收益。"这封信后来被称为"不作恶宣言"。然而，谷歌的广告部门却主动帮助卖假药者规避合规审查，导致假药、走私处方药、非法药物（如类固醇）的广告网页在搜索结果中大量出现。后来此案由 FBI 调查，谷歌被罚款五亿美元。2015 年，谷歌将企业宗旨改成了"做正确的事"。

Facebook 也不遑多让，澳大利亚政府要 Facebook 为使用澳大利亚媒体的原创内容付费，结果 Facebook 直接屏蔽了澳大利亚所有媒体。发明网页浏览器的蒂姆·伯纳斯-李被尊称为互联网之父，他认为，当下互联网的发展已经背离了初衷。开放、平等本来是互联网发展的初心，但今天犹如数据黑洞般的大型互联网平台公司吞噬一切数据，形成垄断霸权，利用中心节点的信息优势，开始剥夺人们自由、平等

> 犹如数据黑洞般的大型互联网平台公司吞噬一切数据，形成垄断霸权。

获取数据的权利。

在元宇宙来临之前，互联网巨头们都活成了他们原先讨厌的模样——作为巨无霸型"中介"，形成了事实上的垄断。未来希望在元宇宙中有一种合理的治理机制，让"不作恶"真正成为必须得到实践的原则。

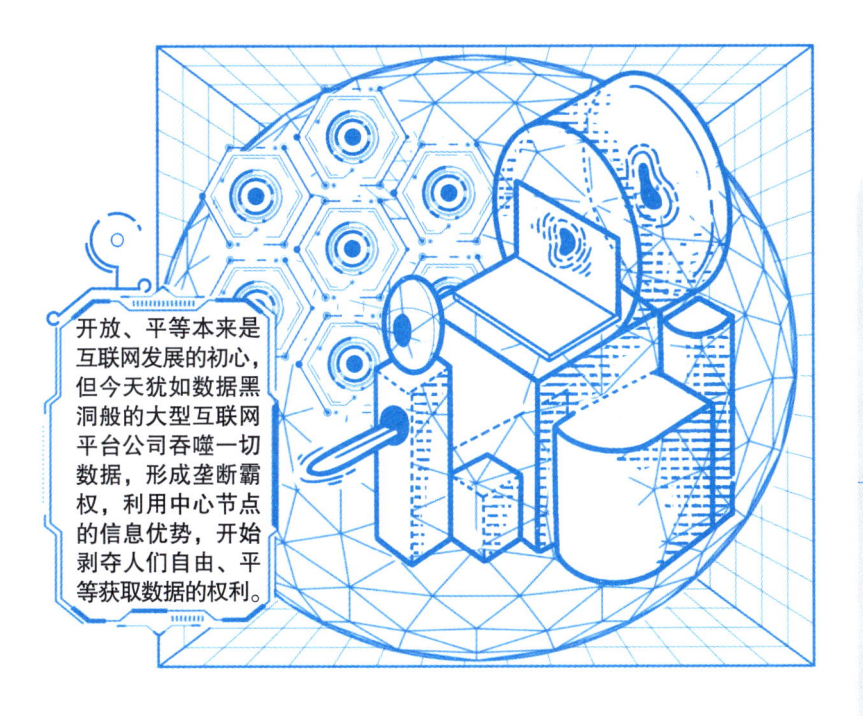

> 开放、平等本来是互联网发展的初心，但今天犹如数据黑洞般的大型互联网平台公司吞噬一切数据，形成垄断霸权，利用中心节点的信息优势，开始剥夺人们自由、平等获取数据的权利。

POINT 2 治理**原则**

在元宇宙中，分身的后面除了肉身，还有与其他分身、虚拟 IP 甚至 NPC 虚拟人的关系，这些都需要得到有效治理。

我们已经进入一个与虚拟 IP 甚至 NPC 虚拟人同台竞技的时代，三者之间的界限越来越模糊，法律和伦理风险都开始出现。结合数字治理与人工智能治理的经验，研究者提出了应对社会伦理冲击的治理原则，主要包括以下几点。

一、分类治理。元宇宙在技术上是一个集合概念和集成创新，目前可以将元宇宙中相对严肃的经济社会生活与游戏娱乐作必要的区分，比如分为游戏类、数字资产类和基础设施类。在此基础上，根据其规模和具体影响，寻求合适的治理路线。

二、虚实平衡。虚拟世界、镜像世界和增强现实的建设最终是为了让现实社会生活更有意义和更有效率，不应完全用虚拟人生替代真实人生，强调虚拟与现实边界的存在。

三、绿色、幸福与繁荣。元宇宙的建构要以自然环境可持续、个人生活幸福和社会团结繁荣为最终目标，其构建要考虑环境和资源的约束，将节约资源作为衡量品质的重要指标；虚拟社群要引入必要的自治机制，以避免极端化的团体思维和社会分裂。

四、多元共治。一方面，国家自上而下的治理架构应与

> "法律+技术"的规制思路，可能契合现实世界的法律规则与数字世界的自治规则。

元宇宙的治理原则

- 分类治理
- 虚实平衡
- 绿色、幸福与繁荣
- 法律+技术
- 多元共治

企业和行业自下而上的自律和自适应治理相结合；另一方面，现实世界的干预应与虚拟世界的自治相结合，应在事件导向的处理与制度化的治理、促进创新与消费者保护之间保持适度的张力。

五、法律+技术。技术成为规则的一部分，是网络时代的产物。元宇宙的治理要充分考虑新的挑战，建构"法律+技术"的规则体系，这可能也契合现实世界的法律规则与数字世界的自治规则。

POINT 3 以人为本

元宇宙如果要拓展内部虚空间，必须在现实物理世界和数字虚拟世界之间、多重数字虚拟世界之间、现实物理世界的不同主权国家之间实现底层技术的标准统一，并最好能够实现自然人和虚拟人的信息在上述所有空间的自由跨界/跨境流动。这就需要以人为本的治理。

一方面，元宇宙需要现实世界大部分甚至所有主权国家达成共识，并形成统一的技术和规则体系；另一方面，如果大部分甚至所有主权国家合力建设元宇宙，则非常有可能出现一个整合虚实两重世界力量的"超级利维坦"。如何在这两者之间实现最优的平衡，需要各个主权国家形成某种平衡性的共识，并为未来元宇宙的建设与发展确立现宇宙的全球性法律架构。主权国家和国际组织如果不能及时明确自己的法律立场，元宇宙就有可能会处于一种无序开发、野蛮生长的地步。

英国萨里大学的法学教授瑞恩·艾伯特在《理性机器人：人工智能未来法治图景》一书中，提出了非常具有借鉴性的"人工智能法律中立原则"。他主张，我们需要一个新的人工智能法律中立原则，宗旨是在"以人为本"的前提下，要求法律不歧视人工智能，避免给人工智能的发展制造不必要的

> 元宇宙的法律中立原则应当坚持"以人为本"。

障碍,并最大可能地通过发展人工智能来提升人类福祉。

元宇宙的法律中立原则应当坚持"以人为本"。只有尽快发布元宇宙建设伦理/法律规范,包括保护个人数据与隐私、保护消费者和用户的身心健康尤其是青少年身心健康、保护用户免受操控、平衡虚拟世界中的权利责任关系、保护虚拟世界中的公有空间和公有物品、避免和减少逃避现实与社会孤立现象、共同构建虚拟世界等。

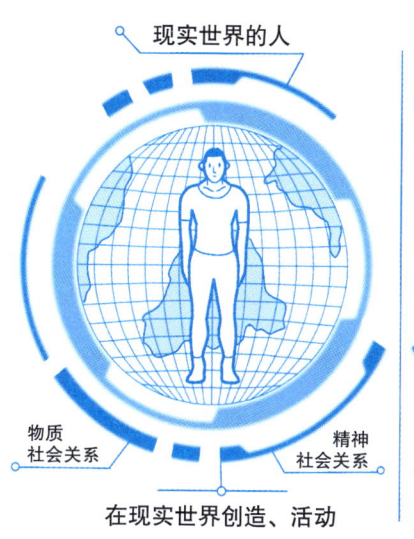

现实世界的人 | 元宇宙的人

物质社会关系　精神社会关系 | 虚拟资产　虚拟身份

在现实世界创造、活动 | 在元宇宙中创造、活动

POINT 4 模式对比

现宇宙中典型的治理模式是中心化组织＋监管机构，而元宇宙中，区块链技术可以实现去中心化组织＋智能合约自治的模式。

美国哈佛大学法学院教授劳伦斯·莱斯格在1999年的开创性著作《代码及网络空间的其他法律》中提出"代码即法律"。元宇宙是由计算机硬件和软件系统（代码）建构出来的，诸多代码中包含一项至关重要的底层技术——区块链。自问世以来，因其去中心化的分布式记账特征，它就成了一种"信任机器"。

元宇宙具有社会属性，其中出现的交易通常签署智能合约——一种由计算机代码表述并自动执行的合同，其履行由区块链架构予以保障。

以区块链分布式账本和"全国电影票务综合信息管理平台"的对比为例，制作方、发行方、院线都是电影区块链上的节点，票务销售数据的"账目"全部上链保存，任何一方都不能修改票务销售数据的账目。"账目"权威性足以用来作为各方分配的依据。监管手段采用智能合约，各种细则统一用代码的形式实现。如果触发（违反规则），则自动执行（处罚）。区块链的治理模式是行之有效的模式。

> 元宇宙中，区块链技术可以实现去中心化组织 + 智能合约自治的模式。

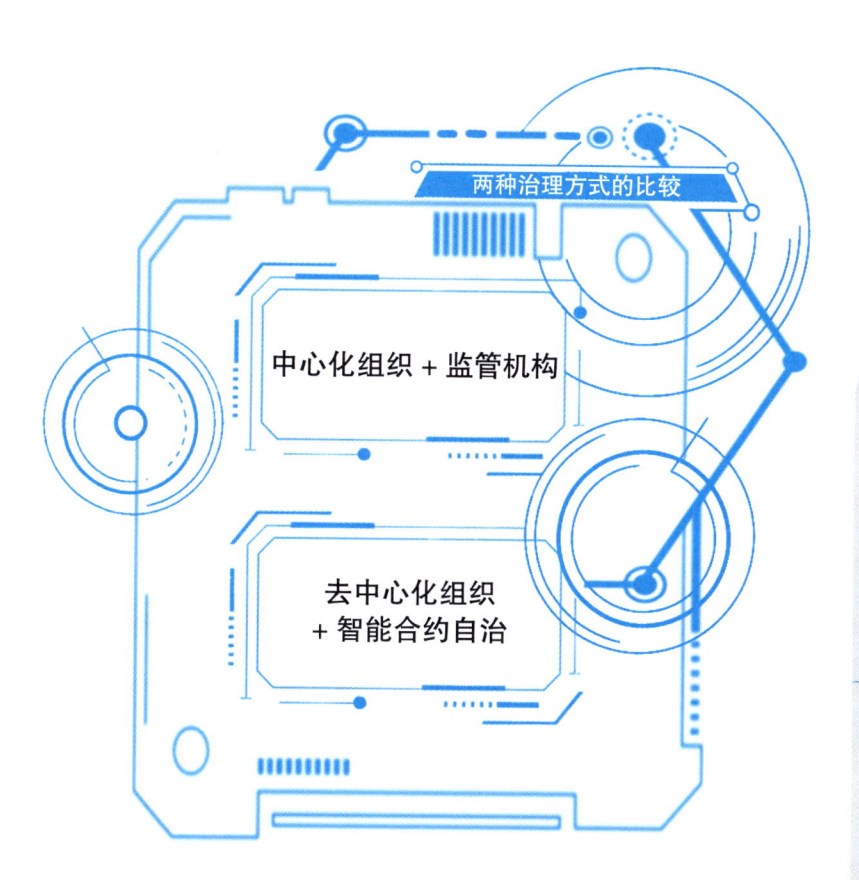

两种治理方式的比较

中心化组织 + 监管机构

去中心化组织 + 智能合约自治

POINT
5 什么是 DAO

Epic Games 创始人、虚幻引擎之父蒂姆·斯维尼曾提到："元宇宙将比其他任何东西都更普遍和强大。如果一个中央公司控制了这一点，他们将变得比任何政府都强大，成为地球上的神。"

这必然是一种大家无法接受的未来。然而，一个庞大的数字世界必然有大量的程序规则，如果不是一个中央公司，又能由谁来制定和执行元宇宙的规则呢？在元宇宙发生的争端要到哪里解决呢？如果到现宇宙来解决，到底要依据哪个国家的法律来解决呢？

解决的方法可能是将治理权交给社区，交给参与者，依靠 DAO。

DAO 的全称是 Decentralized Autonomous Organization，也就是去中心化自治组织。无论是比特币、以太坊，还是 Defi、投资型 DAO，其得到信任的原因不仅是区块链技术实现了"代码即法律"，更离不开 DAO 拥有自治权：成员可以事先投票决定整个组织的行为准则，然后以智能合约的方式发布在区块链上，智能合约一旦发布，就会持久运行，并且没有任何人能够私自篡改。换句话说，所有参与者都成为治理者，也更积极地负起责任，是 DAO 最大的意义。

> DAO 的全称是 Decentralized Autonomous Organization，也就是去中心化自治组织。

比特币网络就是最简单的 DAO，任何人都可以随时加入网络，成为节点并提供算力保障账本安全。以太坊进一步支持智能合约，使得去中心化执行的通用计算成为可能。在此基础上衍生出的各类应用均基于代码规则的 DAO 而实现。DAO 保障了规则的有序制定、执行，为构建以 5G、物联网、AI、云算力等为底层的元宇宙提供了可能。

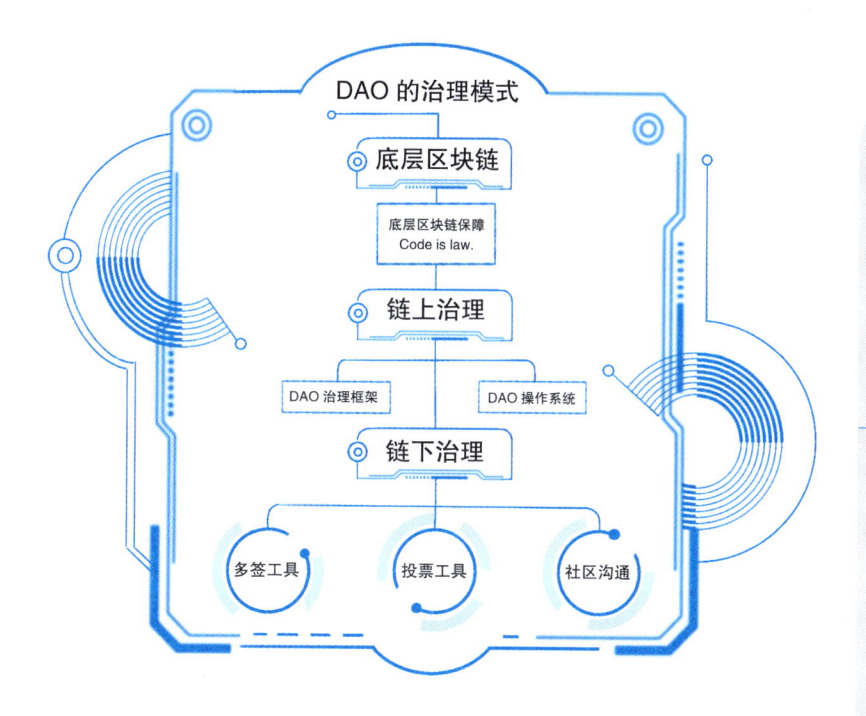

DAO 的治理模式

- 底层区块链
  - 底层区块链保障 Code is law.
- 链上治理
  - DAO 治理框架
  - DAO 操作系统
- 链下治理
  - 多签工具
  - 投票工具
  - 社区沟通

POINT 6 智能合约

在未来元宇宙的智能合约中，算法取代了银行的位置。利用智能合约，商业流程变成：第一，开发智能合约，锁定买方的部分资金，确保有足够的资金用于支付货款；第二，卖方发货；第三，智能合约自动确认收货信息，收货一旦确认，将自动执行智能合约中约定的转账协议，自动向卖方账户转入提前锁定的资金。智能合约取代了银行和共管资金账户的功能。

智能合约之所以成立，就是因为基础的交易环节都在区块链上完成，每个交易环节都被精确记录并且不能修改。

我们把以太坊和比特币作对比，就会发现：比特币网络认证了相对单一的交易行为，而以太坊因支持智能合约，矿工在挖矿确定记账权的同时，需要执行合约并将合约程序的结果同步至全网。智能合约本身的可拓展性决定了 DAO 的多样性。

以太坊 DAO 保障了智能合约能够确定执行，为"代码即法律"打下平台基础。开发者可以自由地创建、部署合约，以太坊矿工在挖矿的同时，需要通过虚拟机执行合约程序，并由新的数据状态产生新的区块，其他节点在验证区块链的同时需要验证合约是否正确执行，从而保证了计算结果的可

> 智能合约之所以成立，就是因为基础的交易环节都在区块链上完成。

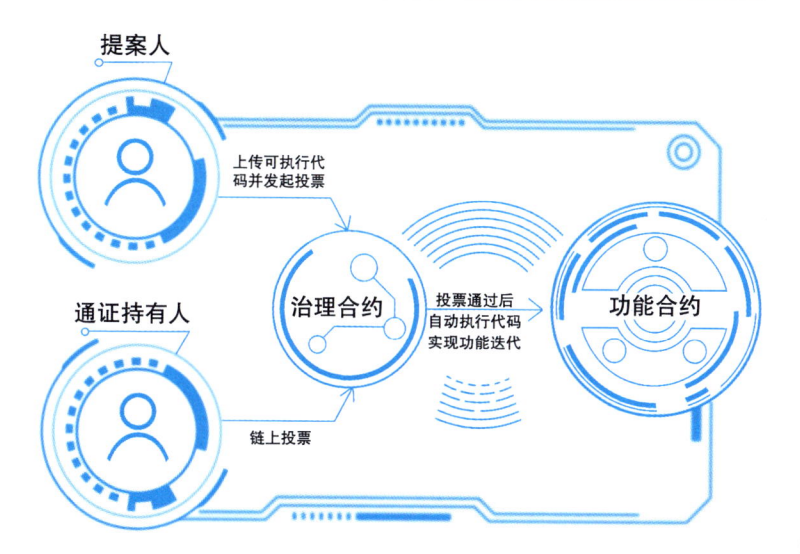

提案人
上传可执行代码并发起投票

通证持有人
链上投票

治理合约

投票通过后自动执行代码实现功能迭代

功能合约

信度。智能合约总是以预期的方式运行，交易可追踪且不可逆转。以太坊上的智能合约公开透明且可以相互调用，保障了生态的开放透明。

以太坊和比特币一样，是开源在代码平台 Github 上的代码集。不断有人在以太坊底层升级贡献代码，不断有人基于以太坊生态开发各类创新 DAPP，不断有人采购矿机为以太坊记账投入硬件资源，这些行为并非由一家或者几家公司来支配与调度，而需要所有参与者为共同的目标和利益贡献力量。开放的元宇宙生态能保证所有参与者公平参与，也是元宇宙长期繁荣的基础。

POINT 7 链上和链下治理

由区块链构成的去中心化世界正在构建新的治理模式。根据治理的实现方式，可以分为链上治理和链下治理。前者将治理程序写入智能合约平台中，用户与合约交互，社区投票和结果执行都由智能合约自动执行，真正实现"代码即法律"；后者则是通过投票工具、多签钱包、社交网络等工具，实现开发团队与社区的制约，使得开发团队遵循社区投票结果，这是一种弱约束的治理模式，但给发展中的项目带来了更快的开发效率与更高的灵活度。

初期会采取链下治理，决策的集中会给项目发展更大的灵活性。但随着项目的成熟与功能稳定，项目会转向完全去中心化的链上治理，真正实现代码约束下的自治。

链上治理并不受任何主体影响，但存在三大缺点：慢、贵、局限性。其中，"局限性"指链上治理的目标对象只能是链上的代码，这就需要通过工具实现权力制衡——链下治理。

1. 投票并存证上链，由开发团队根据投票结果进行开发。2. 社区核心成员通过多签钱包管理社区金库，并公示金库地址受社区监督。3. 社交网络工具实现信息同步。链下治理并没有实现"代码即法律"，而是通过工具辅助、信息公开、核心成员的声誉以及 Token 持有人"用脚投票"（即随时可以

> 链上治理在于投票和结果执行完全去中心化，链下治理更多依靠工具实现社区对开发团队的弱约束。

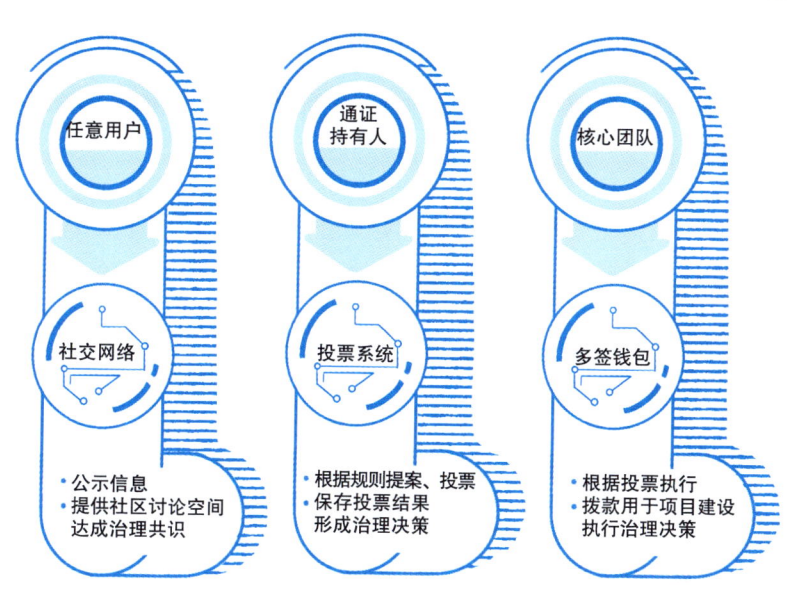

任意用户 → **社交网络**
- 公示信息
- 提供社区讨论空间 达成治理共识

通证持有人 → **投票系统**
- 根据规则提案、投票
- 保存投票结果 形成治理决策

核心团队 → **多签钱包**
- 根据投票执行
- 拨款用于项目建设 执行治理决策

将投资转移到其他项目）实现了制约。对于大多数项目来说，目前的社区自治均是通过几个中心化及去中心化组件的协作及配合实现的。

POINT 8 执行与修改

在区块链的世界中，代码就是法律。修改代码意味着修改法律。有一套相应的流程，能确保代码修改符合整体的利益。这里用以太坊为例，说明代码修改的治理过程。

网络的各个方面理论上都可以改变。与我们在现实世界中所遵守的社会契约不同的是，在去中心化网络中，如果参与者对网络的最新变化不满意，他们每个人都可以选择"愤怒退出"，从而离开，继续使用他们自己的备用网络。

实现软件更改的过程与现实世界中通过新法律的过程非常相似。在现实世界中存在着各种利益相关者。把以太坊作为一个例子，其主要的利益相关者包括：

用户：持有以太坊并使用以太坊应用程序的终端用户、加密货币交易所、在以太坊之上构建应用程序的开发人员。

矿工：运行服务器场以验证交易并保护网络（从而获得以太币）的个人或企业实体。

以太坊核心开发人员：为节点软件做出贡献并参加各种技术论坛的开发人员和研究人员，他们通过衡量社交媒体、会议或文章上的情绪来聆听最终用户的需求。当许多用户要求某种功能或更改协议时，他们将考虑这些建议。

以太坊的治理是一种软治理，其中许多协调都在"链下"

> 以太坊的治理是一种软治理，其中许多协调都在"链下"进行。

进行，并且在功能合并到客户端之前评估对提案的支持。但是，最终网络的参与者都会在链上做出接受或拒绝新软件的决定。

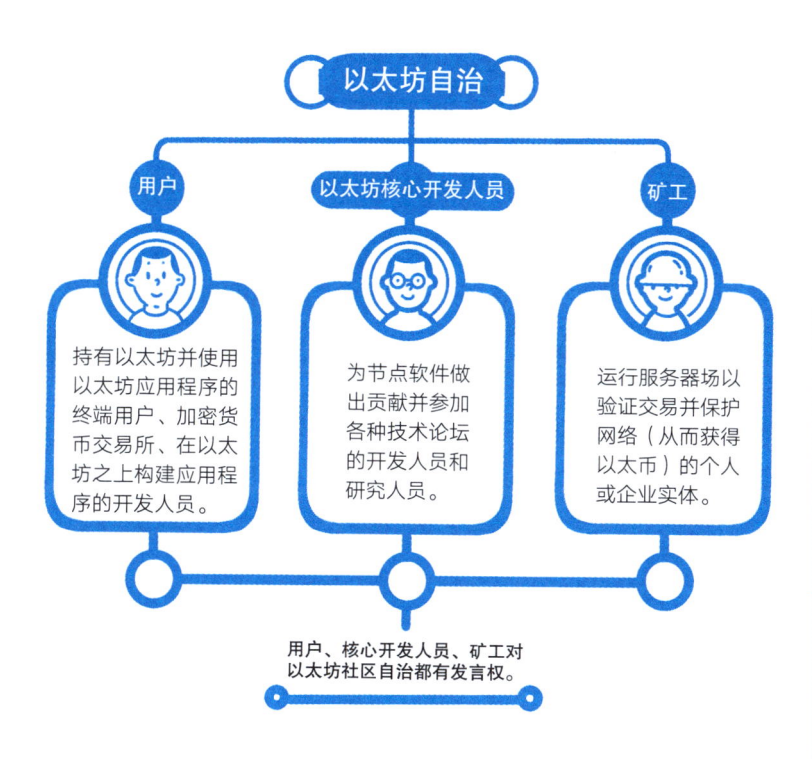

以太坊自治

用户：持有以太坊并使用以太坊应用程序的终端用户、加密货币交易所、在以太坊之上构建应用程序的开发人员。

以太坊核心开发人员：为节点软件做出贡献并参加各种技术论坛的开发人员和研究人员。

矿工：运行服务器场以验证交易并保护网络（从而获得以太币）的个人或企业实体。

用户、核心开发人员、矿工对以太坊社区自治都有发言权。

POINT 9 对DAO立法

目前，在虚拟现实平台 Decentraland 中，就存在一个分散的自治组织 DAO，用户可以在这里投票并且决定平台运行的政策和规定。

同时，一个具有历史性意义的重要法律事件是，DAO 这种去中心化组织于 2021 年 4 月 21 日在美国怀俄明州得到立法保护。该法案的全称是《怀俄明分布式自治组织法案》(Wyoming Decentralized Autonomous Organization Supplement)。怀俄明州的 DAO 法案有几个亮点。其一，该法案将 DAO 定义为一种有限责任公司，除非该法案或者州务卿另有规定，由该州的有限责任公司法予以规制——这意味着 DAO 的合法地位得到了确定，适用于已经存在的有限责任公司法。其二，该法案明确算法治理与人工治理并行，二者都属于合法的治理方式。这意味着技术治理成为一种新的治理方式。其三，该法案明确了智能合约的法律构造，主要是涉及成员之间的权利和义务。其四，该法案明确了 DAO 应当被强制解散，以及可以被解散的情形。

对于怀俄明州 DAO 法案的发布，我们可以从不同的角度进行解读。一方面，作为元宇宙自治基石的 DAO 得到了真实世界的法律保护，由此得到了进一步发展的更好机会。反过

> 技术治理成为一种新的治理方式。

> DAO 这种去中心化组织于 2021 年 4 月 21 日在美国怀俄明州得到了立法保护。

> 真实世界法律对 DAO 的确认,也事实上确认了在虚拟数字世界中"代码即法律"的逻辑。

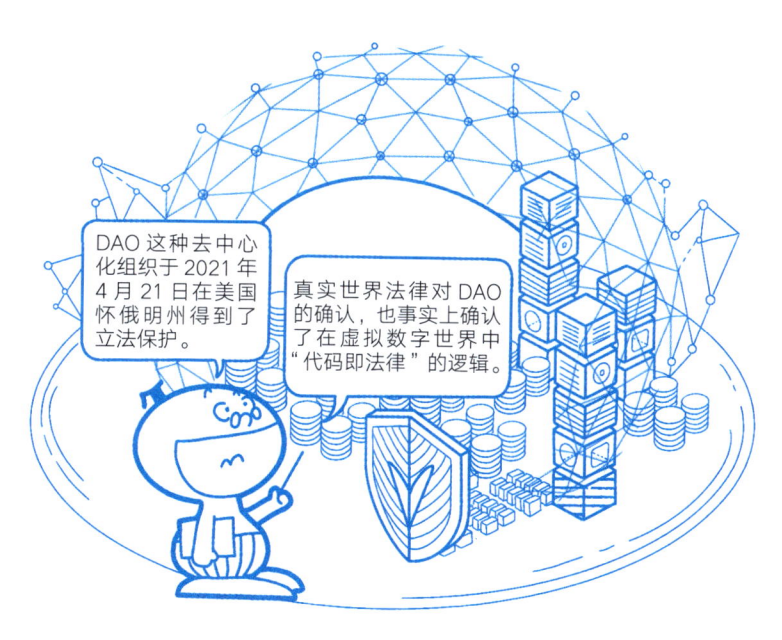

来讲,如果没有真实世界法律的保护,元宇宙内部的自治可能只是沙滩上的楼阁。当然,无论是何种含义,真实世界法律对 DAO 的确认,就是确认了在虚拟数字世界中"代码即法律"的逻辑。

POINT 10 DAO 的风险

有研究者认为，DAO 的应用至少蕴含着以下四方面的治理风险：首先，安全漏洞与技术缺陷可能导致治理失灵与新的无政府状态；其次，去中心化交易及监管缺失会侵犯现实世界与主权国家的法律准则；再次，投票机制所寓意的"直接民主"和"全员参与"不排除极低的投票率，因为并不是所有玩家都有意愿和能力来审议所有提案；最后，自助式、无国界的治理，一方面会带来原子化社会与公民性的丧失，另一方面也引起公共事务治理的快消化、游戏化与非权威化，话语体系和导向受到创世者的商业模式和算法以及早期用户的模式影响，存在认知固化，以及"信息茧房""回音室效应""过滤气泡"向深层次发展的风险。

DAO 和 DeFi 的概念都很美好，也正值高速发展的阶段，但同时也存在一定的风险。2022 年 2 月，DeFi 平台 Wormhole 遭到黑客攻击，损失了上亿美元。正如《以太奇袭》（*The Infinite Machine*）一书为以太坊下的批注："你可以控制程序（指以太坊），但没有办法控制人性。"

元宇宙的去中心化（分权）治理与中心化（集权）治理存在悖论：一方面，存在区块链技术和 DAO 组织这样的去中心化治理机制，以便元宇宙的参与者能够实现最大限度的自

> 元宇宙需要一个中心化的机制来提供最底层的技术统筹,并扮演秩序的主宰和最高权威。

主和自由;另一方面,一定也需要一个中心化的机制来提供最底层的技术统筹,并在缺乏外在干预时,扮演元宇宙秩序的主宰和最高权威——这个角色通常由元宇宙的开发运营者来承担。

META 就是一个典型的例子。扎克伯格一直坚持以"治理"的逻辑和理念来管理平台并塑造自身形象,甚至尝试建立类似立法机关的下属机构。它通过疑似影响选举、"封杀"川普等行为,展现了对现实政治的影响力。同时,Facebook 所服务的对象依然是以扎克伯格为首的公司股东,无论它如何标榜"民主机制",股东的投票权和利益显然更为重要。

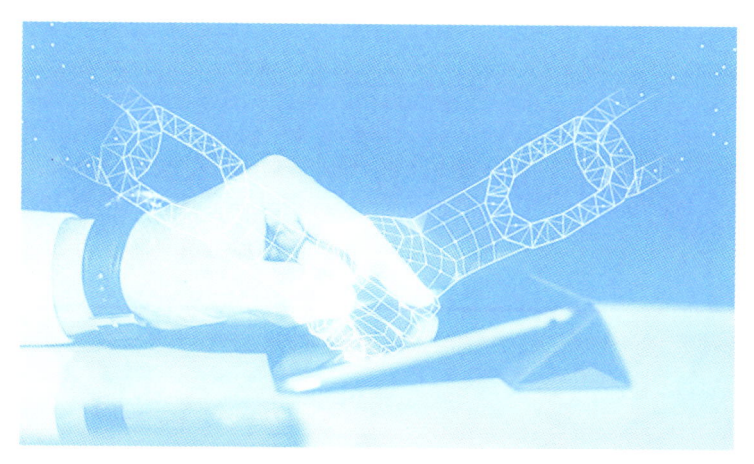

DAO 的治理风险

POINT 11 监管与**自由**

实现监管与自由的统一，在于虚拟世界的良好治理。

比特币是秉承着极端去中心化的思想建立的第一个社区自治的实验，但是从其发展历程来看，并没有实现创始人最初的理想。比特币没有成为严格意义上的数字货币，只是第一个加密的数字资产。这是一个由代码决定的完全自由的世界，但最终还是要面对被操纵的现实。2021 年 2 月，特斯拉购买了 15 亿美元的比特币。3 月，马斯克在社交媒体宣布可以使用比特币购买特斯拉，消息一经发出，比特币的价格一

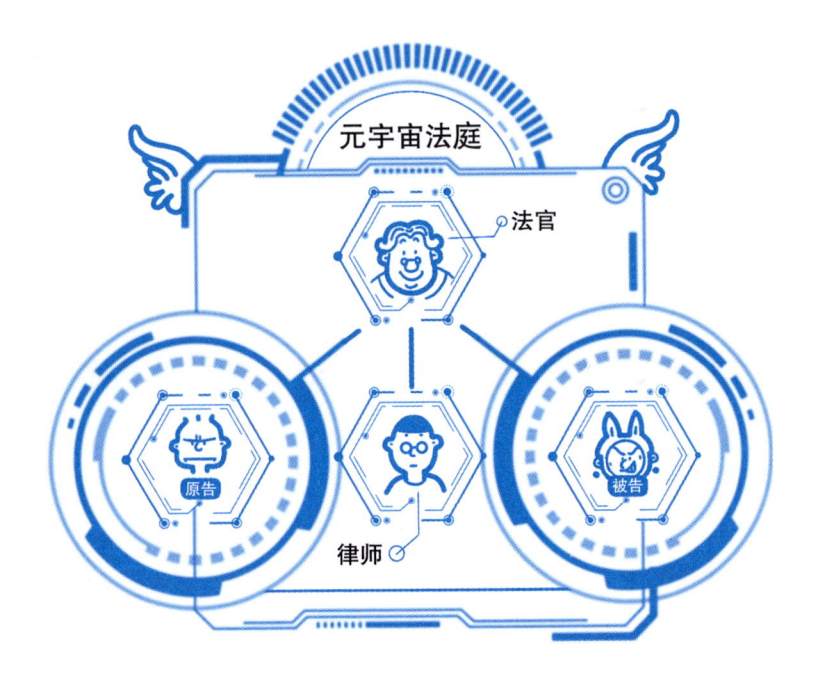

元宇宙法庭

法官　原告　律师　被告

> 不论在什么市场中,道德风险、投机行为都是在所难免的。

度达到每单位 64000 美元。到了 5 月,特斯拉又宣布关闭比特币的支付渠道,比特币暴跌近 50%。这是操纵比特币市场的一个案例。如果在现实世界,马斯克必定会受到处罚,但反垄断法对比特币不适用。

不论在什么市场中,道德风险、投机行为都是在所难免的。如果没有监管,用户的自由得不到保障,平台有可能通过数据优势、技术优势人为地制造信息不对称而造成垄断,限制市场参与者的经济自由。因此,需要监管作为"惩戒棒"来确定边界、维持稳定的环境、明确参与各方的义务与责任。不过,在虚拟世界发生的争议,相关证据数据如何拿到真实世界的法官面前进行辩论,也会是让律师头痛的问题。或许有一天,元宇宙的争议就在元宇宙中解决,律师、法官及原告、被告都戴着 VR 眼镜,以虚拟分身在元宇宙法院中进行诉讼攻防。

POINT

12 违法
温床

2021年11月26日，Facebook改名为META没多久，一名"地平线世界"的测试者报告，她在这个虚拟世界中被一个陌生人触碰了一下。类似的骚扰早在20世纪90年代的网络聊天就发生过，只不过那个时候用的是文字。在游戏世界中这种事情也时有发生。由于目前故意杀人罪、故意伤害罪、强奸罪、强制猥亵罪等要求犯罪对象是现实中的自然人，虚拟人虽然从理论上是可永生的，但其并不具有现实中的生命，故按现有法律规定不可能构成上述罪名。针对这一问题，2022年2月，META公司宣布将推出"个人边界"功能，即在虚拟人物身边建立圆圈范围，和他人保持安全距离，以避免不必要的触碰与互动。

华盛顿大学研究网络骚扰的凯瑟琳·克罗斯指出，虚拟现实空间在本质上具有欺骗性，它的设计思路就是让用户误以为自己的每一个身体动作都发生在三维空间环境里，使得人的内心在虚拟空间会产生与物理空间中相同的神经活动和心理反应，而这也是人们在虚拟空间遇到骚扰时情绪会更强烈的部分原因所在。

人性恶的成本在元宇宙中被无限降低。在元宇宙的世界中，你不知道对面是什么人，不知道对方有什么目的，你也

> DAO 自治模式不足以应对人性之恶和创世者之恶。

不知道自己在对方眼里是什么样的角色。尤其是在创世者的放纵和不作为中，本身可能拥有美好梦幻设定的纯净世界，很可能会被污染成新的犯罪温床。

2022 年 2 月，META 公司宣布将推出"个人边界"功能，即在虚拟人物身边建立圆圈范围，和他人保持安全距离，以避免不必要的触碰与互动。

POINT 13 私密和健康

在元宇宙中,对人的行为和生物特征数据的采集和分析将成为其运行基础。根据美国斯坦福大学 2018 年的一项研究,在虚拟现实空间中停留 20 分钟,会留下大约 200 万条眼球运动、手部位置和行走方式等数据。单对眼球运动的监测,就可以通过每一刻的视线位置、眨眼次数、瞳孔张开程度等详细的生物特征数据来了解人的心理状态和疲劳程度。

如果元宇宙真的将引领深度数字化的未来,就不能不对人的心智或大脑在虚拟环境中的可塑性、虚拟行为对人的行为与身份认同的深度操控、虚拟沉浸和虚拟分身对人的认知和心理的长期性影响等问题,进行深入研究,进而为人类的虚拟活动划定一个身体与认知的安全界限。

在元宇宙时代,如果以计算机为媒介的永生之梦可以成真,那么在资源稀缺的情况下,尤其是在最开始的迭代阶段,谁将可以享受这种不朽?

凡是稀缺的东西,都是竞争和冲突的种子,即使稀缺只是一种认识。2013 年,好莱坞有一部名为《她》的科幻爱情电影,男主角惊觉:本来以为自己私享的人工智能恋人,其实同时和世界上成千上万的人在虚拟世界里谈着恋爱。这一幕仿佛是一个预言,预示着元宇宙可能出现的冲突前景。

> 在资源稀缺的情况下，尤其是在最开始的迭代阶段，谁将可以享受不朽？

作为科技社会试验的元宇宙不是单纯的技术创新，而是一种复杂的技术社会复合体和人造世界，它所带来的伦理冲击的本质是人与技术在价值层面的深层次冲突，而如何响应这些冲击并做出恰当的价值权衡与伦理构建，恰恰是元宇宙从 0 到 1 创新中的内在环节。

POINT 14 意识操控

元宇宙中的主体不过是人们的分身，人性中善的一面可以被激发，恶的一面也同样可以被放大。有些问题并不是代码可以解决的。

虚拟和增强现实技术逼真度的不断提升，带来虚拟和现实的混淆与界限消弭，加之人工智能伪造和脑机接口技术的采用，这些威力强大的技术的滥用，可能带来伪造事实和意识操控等问题。比如它们很容易被用来混淆伪造，甚至虚构对特定事件和历史的虚假集体记忆，从而干预人们的社会认知，操控人的意识和精神。可以预见，由元宇宙技术所形成的观点极化、信息茧房等反智主义和认知偏差将更为顽固，更难以破解。

"深度伪造"这一词起源于 2017 年 12 月，一个匿名用户在美国社交新闻网站 Reddit 上，借助深度学习算法，将成人视频中的演员用当红女明星进行了替换。虽然随后他就被 Reddit 封杀，但是其他平台快速出现了一大波模仿者，他们借助人工智能技术对素材进行修改或者再生。深度虚假不仅包括假视频和假图片，还包括假音频。削弱公众对新闻业的信任只是其严重影响的一个方面，数字社区的治理更将全面受到影响。

有些问题并不是代码可以解决的。

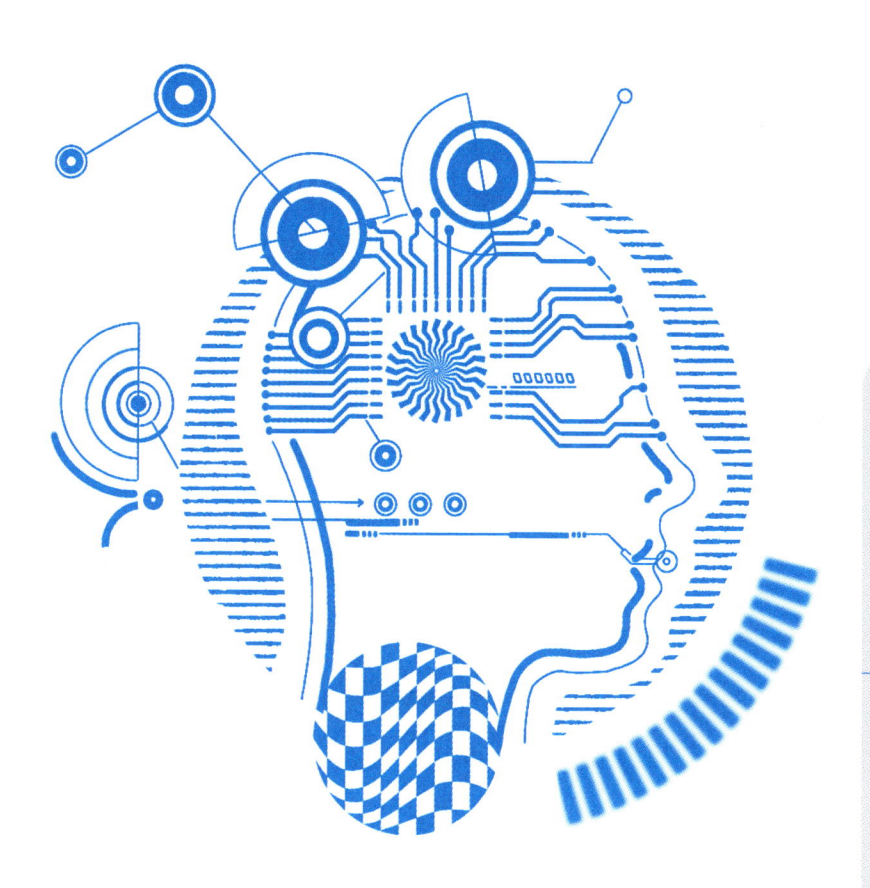

一本书读懂元宇宙

12 代码即法律吗？

255

POINT 15 资产保护

《星战前夜》是冰岛 CCP 公司开发的大型多人线上游戏。游戏为玩家提供了壮阔而充满想象力的科幻太空场景，玩家可以驾驶自行改造的船舰在成千上万的恒星系与未知虫洞空间中穿梭。

这款游戏摒弃了传统的以计算机人工智能为基准建立的游戏设计理念，而把人与人之间的互动提升到了前所未有的高度，可以说是科幻世界的元宇宙。在游戏中，玩家可以自发组织军团，军团成员互相扶持、互相保护，拥有共同财产。

而在 2005 年，发生了一件被记入游戏史的大劫杀事件。事件的主人公是 Ubiqua Seraph 军团的 CEO Mirial，她和往常一样，在最信赖的副手陪伴下进行着游戏，结果遭遇了另一个军团 GHSC 的伏击。为了能够赢得这场伏击，GHSC 花费了一年多的时间，在 Ubiqua Seraph 军团中安插了大量间谍，以获取 Mirial 的信任，并且筹划了这场大劫杀。最终，这场劫杀劫掠的 Ubiqua Seraph 军团财产折合约 16500 美元，让 Mirial 的账号蒙受了巨大的损失。根据游戏规则，这并非违法，因此没有人受到惩罚。

在这个游戏中，互相进行劫杀已经成为司空见惯的事情。很多新手玩家高高兴兴地建设好自己的飞船后，被别的军团

> 这个体系必须制定规则,确保消费者得到公平对待,避免出现大规模的作弊、欺诈或诈骗。

打得四分五裂,成为废铁。虽然这是发生在元宇宙的事情,但是造成的经济损失在现实生活中是真实发生的。

Epic 公司的 CEO 蒂姆·斯威尼说:"我们不仅要建立一个 3D 平台,建立技术标准,还要建立一个公平的经济体系,所有创作者都能参与这个经济体系,赚到钱,获得回报。这个体系必须制定规则,确保消费者得到公平对待,避免出现大规模的作弊、欺诈或诈骗,也要确保公司能够在这个平台上自由发布内容并从中获利。"

APPENDIX

附录：
元宇宙
相关名词解释

数字分身（Digital Avatar）

某人在虚拟世界里的数字呈现或虚拟映射。依据不同的场景或应用，该数字呈现或虚拟映射可以是数字孪生，也可以不是。

数字孪生（Digital Twin）

在信息化平台中对现实社会中的对象或系统全生命周期的数字呈现或虚拟映射。能够实时对数据进行双向同步与更新，并使用机器模拟、学习和推理来帮助决策和远程辅助。

数字原生（Digital Native）

信息化平台中的创作者（包括虚拟分身、NPC 虚拟人或者 AI）在数字世界中的数字创作。它既可以与现实社会中的对应物联系，也可以只存在于信息化平台中，核心是知识和产品本身是从海量数据关联中生产出来的。

虚拟数字人（Metahuman）

利用以计算机技术为核心的信息科学方法对人类在不同水平的形态、行为和功能进行的虚拟仿真。

区块链（Blockchain）

利用分布式数据存储技术建立的块链式数据结构与系统。采用透明和可信规则，以密码学为基础，具有不可伪造、不可篡改、不可抵赖以及可追溯的特点，是金融及信用体系建设的基础关键技术路线之一。目前，区块链技术最大的应用是数字货币。

通证（Token）

通过区块链加密技术、共识规则、智能合约、应用目标等建立起来的区块链凭证。即一种可流通、可识别、防篡改的数字权益证明，具有价格、收益、权利三个维度的属性。它可以为智能合约所管理，也可为握有钱包私钥的人所拥有和使用。目前已经出现同质通证、非同质通证、声望通证等多种通证类型，全方位应用于虚拟世界的组织、经济和文化。有人也译为代币或令牌。

非同质化通证（Non-fungible Token, NFT）

基于区块链技术，用于表示数字化资产或数字资产的唯一加密凭证。不同于比特币等同质化代币，它具有不可分割、不可替代的特性，使用 NFT，可以安全方便地为特定资产标识其在区块链上的所有权。

脑机接口（Brain Computer Interface, BCI）

不依赖于人或动物外围神经和肌肉等神经通道，直接实现大脑与外界信息传递的通路，可以真正实现现实世界和元宇宙之间的终极沉浸式互动。从脑电信号采集的角度，一般分为侵入式和非侵入式两大类。

沉浸式体验（Immersive Experiences）

利用以计算机为核心的现代高科技方法为用户提供虚拟或虚实融合的高仿真场景，使其从视觉、听觉、触觉、嗅觉、味觉等多维度获得感官响应的过程。

扩展现实（Extended Reality, ER）

采用以计算机为核心的现代高科技手段生成的虚拟或虚实融合的人机交互环境，通常作为增强现实、虚拟现实、混合现实等多种技术的统称。

增强现实（Augmented Reality, AR）

采用以计算机为核心的现代高科技手段生成的附加信息

对使用者感知到的真实世界进行增强的环境。生成的信息以视觉、听觉、味觉、嗅觉、触觉等生理感觉融合的方式叠加至真实场景中。

虚拟现实（Virtual Reality, VR）

采用以计算机为核心的现代高科技手段生成的逼真的视觉、听觉、触觉、嗅觉、味觉等多感官一体化的数字化人工环境。用户借助一些输入、输出设备，采用自然的方式与虚拟世界的对象进行交互，相互影响，从而产生亲临真实环境的感觉和体验。具备沉浸感（Immersion）、交互性（Interaction）、构想性（Imagination）和智能化（Intelligence）等特点。

混合现实（Mixed Reality, MR）

真实场景和虚拟场景混合匹配的环境。场景中物理对象和虚拟对象共存且能够实时交互，从而构建出一个真实对象和虚拟对象实时交融的新环境。

沙盒游戏（Sandbox Game）

游戏地图较大、与 NPC 或环境互动性强，可为玩家提供极高自由度与创造力的游戏产品和服务。玩家可以自由地探索、创造和改变游戏中的内容。

云计算（Cloud Computing）

基于互联网，用户按需访问服务商提供的可配置共享计算资源池（例如网络、服务器、存储、应用程序等）的技术统称，是元宇宙应用的算力基础之一。

边缘计算（Multi Access Edge Computing, MAEC）

一种优化云计算系统的方法，在"网络边缘侧"（即靠近物或数据源头的一侧）采用集网络、计算、存储、应用等核心能力于一体的开放平台执行数据处理，就近提供最近端服务，以满足行业数字化在敏捷连接、实时业务、数据优化、应用智能、安全与隐私保护等方面的关键需求。

物联网（The Internet of Things, IoT）

基于标准的和可互操作的通信协议，实现人、机、物之间信息互联互通的网络基础架构的统称。具备信息实时性、数据可查、信物系统唯一性等特征，是元宇宙相关应用尤其是数字孪生相关应用的关键技术。

人工智能（Artificial Intelligence, AI）

利用计算机或由计算机控制的机器，模拟、延伸和扩展人类的智能，感知环境、获取知识，并使用知识获得最佳结果的理论、方法、技术和应用系统的统称。是元宇宙技术与元宇宙应用的重要指标和关键技术。

数字藏品（Digital Collections）

具有唯一性和不可篡改性，有收藏价值的虚拟产品。一般由企业或个人创作，授权第三方并进行二次加工后通过区块链技术进行认证和加密，通过互联网交易平台进行交易。

数字资产（Digital Assets）

具有经济价值的原生数据。通常为权利或权益的电子记录，该原生数据本身就是资产，原生数据的灭失将导致资产的灭失。该术语不包括基础资产或债务，除非该资产或债务本身是一个电子记录。数字资产与实体资产的区别在于，数字资产本身并不以实体形式存在。例如，比特币是一种数字资产，因为它是一种专门在比特币区块链上创建并存储的电子记录。

去中心化自治组织（Decentralized Autonomous Organization, DAO）

又称分布式自治组织或分散式自治组织，通过一系列公开公正的规则，可以在无人干预和管理的情况下自主运行的组织形式，由所有成员集体拥有和组织。成员可以使用区块链设定自己的规则并对关键决策进行投票，当全部程序设定完成后，就按照既定规则或决策开始运作。

去中心化金融（Decentralized Finance, DeFi）

以区块链为基础的金融系统。不管是借出/借入资金还是交易加密货币，或是在账户中获得利息，都不依赖银行等第三方金融机构提供任何金融工具，而是利用区块链上的智能合约进行交易活动，交易纪录会在链上被公开验证，不能被人随意篡改。它与有中心化的金融服务（CeFi）相对，优点是比 CeFi 更有效率、更开放、更具透明性，不同金融服务更容易整合。

数字货币（Digital Currency/Electronic Payment, DC/EP）

电子货币形式的替代货币（Alternative Currency）。早期是一种以黄金重量命名的电子货币形式，发展到今天，比特币、以太坊等数字货币改为依靠校验和密码技术来创建、发行和流通，基于特定的算法得出，发行量有限且被加密保证安全。特点是运用 P2P 对等网络技术来发行，能被用于真实的商品和服务交易，而不局限在网络游戏中。有观点认为，数字货币应有且仅有"央行数字货币"这一种存在形式。

虚拟货币（Virtual Currency, VC）

虚拟货币是价值的数字表示方式，可作为交易媒介、记账单位及价值储藏手段。它并非由中央银行或公共权威机构发行，也不一定与某一法定货币挂钩，但被自然人或法人接受用于支付手段，可以进行电子化转移、储藏或交易。具有真实货币相同价值或充当真实货币替代品的虚拟货币称为"可兑换"虚拟货币，如比特币采用以加密算法为核心的区块链技术，可以在用户之间进行交易，可以购买或兑换为美元、欧元以及其他真实或虚拟货币。

加密货币（Cryptocurrency）

使用安全加密算法的数字货币或虚拟货币。加密货币与中心化的电子货币和中央银行系统相对，并非由任何中央机构发行，其运作基于区块链——一种公开的交易数据库及分布式账本，是去中心化的。

游戏化金融（Game Finance, GameFi）

区块链游戏（游戏）和去中心化金融（DeFi）的组合。用于此类视频游戏的技术是区块链技术，允许玩家成为游戏元素的唯一合法拥有者。在传统视频游戏中，玩家必须付费才能获得优势，例如升级、减少等待时间或购买道具等。而 GameFi 引入了"边玩边赚"模式，玩家可以通过运用知识或投入时间而赚钱。

边玩边赚（Play to Earn, P2E）

区块链游戏的一种模式，允许玩家通过玩游戏来获取经济收益，与目前游戏行业里普遍的 F2P（Free to Pay）模式相对应。后者指的是玩家可以免费游戏，但如果想要更好的游戏体验则需要充值。而在"边玩边赚"区块链游戏中，玩家和掮客可以通过运用技能、投入时间或者质押、生产、交易 NFT 物品获得收入，从而产生游戏内经济。

用户生成内容（User Generated Content, UGC）

网站或其他开放性平台上由用户贡献生成的文字、图片、影像等内容。生产主体是普通用户，主要以分享个人经历和兴趣为目的进行的内容生产和传播。2005年左右开始，互联网上许多图片、视频、博客、播客、论坛、评论、社交、新闻等网站都使用了这种方式。抖音中的个人视频创作、对微博等的评论、表情包的创作、视频中的弹幕等，都是用户生成内容的一种形式。

专业生成内容（Professional-generated Content, PGC）

由专业人士生产的内容，具有专业、深度、垂直化等特点，内容质量相较于用户生成内容更有保障。生产主体是在某些领域具备专业知识的人士或专家，能够提升内容产品的质量，使得平台的知名度和声誉度都得到保证，优质内容还会对用户产生吸引，实现用户导流，为实现知识付费、衍生产品和相关产业开发打下基础，是当下内容变现的重要途径。

职业生成内容（Occupational-generated Content, OGC）

由专业媒体机构生产的内容，生产主体为具备一定知识和专业背景的从业人员，如媒体平台的记者、编辑以职业身份参与生产并从中获得报酬。它不仅要求生产主体具备知识或资历，还要求其具备媒体职业身份，发布之前已经过了一次内部审核，有助于生产出更多高质量的内容，更受到人们的信任和依赖。缺点是与普通用户的互动性受限，生产成本更高。

第三代互联网（World Wide Web3.0, Web3）

基于区块链并由分布式账本技术作支援的去中心化网络世界，是驱动元宇宙的基础建设技术。目前对 Web3 的展望包括：1. 将网络转化为数据库，结构化数据集以可重复利用、可远程查询的格式公布于网络上，比如 XML、RDF 和微格式。2. 提供一条最终通向人工智能网络进化的道路，使人工智能最终达到以近似人类的方式思辨的程度。3. 与第 2 条相联系，可以是语义网概念的实现和扩充。4. 将整个网络转化为一系列 3D 空间，提供新的方式共享空间连接和协同。

图书在版编目（CIP）数据

一本书读懂元宇宙/王春永著. --北京：华夏出版社有限公司，2023.4
ISBN 978-7-5222-0041-5

Ⅰ. ①一… Ⅱ. ①王… Ⅲ. ①信息经济 Ⅳ. ①F49

中国版本图书馆 CIP 数据核字(2022)第 237705 号

一本书读懂元宇宙

著　　者	王春永
策划编辑	杨小英　陈学英
责任编辑	杨小英　罗　云
责任印制	刘　洋

出版发行	华夏出版社有限公司
经　　销	新华书店
印　　装	北京汇林印务有限公司
版　　次	2023 年 4 月北京第 1 版　2023 年 4 月北京第 1 次印刷
开　　本	880×1230　1/32 开
印　　张	8.875
字　　数	150 千字
定　　价	58.00 元

华夏出版社有限公司　地址：北京市东直门外香河园北里 4 号　邮编：100028
网址：www.hxph.com.cn　电话：（010）64663331（转）
若发现本版图书有印装质量问题，请与我社营销中心联系调换。